# Learn Chinese with Traditional Myths

HypLern Interlinear Project
www.hyplern.com

First edition: 2025, November
Author: Ziru Zou
Translation: Ziru Zou
Foreword: Camilo Andrés Bonilla Carvajal PhD

ISBN: 978-1-989643-33-4
kees@hyplern.com
www.hyplern.com

# Learn Chinese with Traditional Myths

*Interlinear Mandarin to English*

## Author
Ziru Zou

## Translation
Ziru Zou

HypLern Interlinear Project
www.hyplern.com

# The HypLern Method

Learning a foreign language should not mean leafing through page after page in a bilingual dictionary until one's fingertips begin to hurt. Quite the contrary, through everyday language use, friendly reading, and direct exposure to the language we can get well on our way towards mastery of the vocabulary and grammar needed to read native texts. In this manner, learners can be successful in the foreign language without too much study of grammar paradigms or rules. Indeed, Seneca expresses in his sixth epistle that "Longum iter est per praecepta, breve et efficax per exempla[1]."

The HypLern series constitutes an effort to provide a highly effective tool for experiential foreign language learning. Those who are genuinely interested in utilizing original literary works to learn a foreign language do not have to use conventional graded texts or adapted versions for novice readers. The former only distort the actual essence of literary works, while the latter are highly reduced in vocabulary and relevant content. This collection aims to bring the lively experience of reading stories as directly told by their very authors to foreign language learners.

Most excited adult language learners will at some point seek their teachers' guidance on the process of learning to read in the foreign language rather than seeking out external opinions. However, both teachers and learners lack a general reading technique or strategy. Oftentimes, students undertake the reading task equipped with nothing more than a bilingual dictionary, a grammar book, and lots of courage. These efforts often end in frustration as the student builds mis-constructed nonsensical sentences after many hours spent on an aimless translation drill.

Consequently, we have decided to develop this series of interlinear translations intended to afford a comprehensive edition of unabridged texts. These texts are presented as they were originally written with no changes in word choice or order. As a result, we have a translated piece conveying the true meaning under every word from the original work. Our readers receive then two books in just one volume: the original version and its translation.

The reading task is no longer a laborious exercise of patiently decoding unclear and seemingly complex paragraphs. What's more, reading becomes an enjoyable and meaningful process of cultural, philosophical and linguistic learning. Independent learners can then acquire expressions and vocabulary while understanding pragmatic and socio-cultural dimensions of the target language by reading in it rather than reading about it.

Our proposal, however, does not claim to be a novelty. Interlinear translation is as old as the Spanish tongue, e.g. "glosses of [Saint] Emilianus", interlinear bibles in Old German, and of course James Hamilton's work in the 1800s. About the latter, we remind the readers, that as a revolutionary freethinker he promoted the publication of Greco-Roman classic works and further pieces in diverse languages. His effort, such as ours, sought to lighten the exhausting task of looking words up in large glossaries as an educational practice: "if there is any thing which fills reflecting men with melancholy and regret, it is the waste of mortal time, parental money, and puerile happiness, in the present method of pursuing Latin and Greek[2]".

Additionally, another influential figure in the same line of thought as Hamilton was John Locke. Locke was also the philosopher and translator of the Fabulae AEsopi in an interlinear plan. In 1600, he was already suggesting that interlinear texts, everyday communication, and use of the target language could be the most appropriate ways to achieve language learning:

> ...the true and genuine Way, and that which I would propose, not only as the easiest and best, wherein a Child might, without pains or Chiding, get a Language which others are wont to be whipt for at School six or seven Years together...[3]

---

1  "The journey is long through precepts, but brief and effective through examples". Seneca, Lucius Annaeus. (1961) Ad Lucilium Epistulae Morales, vol. I. London: W. Heinemann.

2  In: Hamilton, James (1829?) History, principles, practice and results of the Hamiltonian system, with answers to the Edinburgh and Westminster reviews; A lecture delivered at Liverpool; and instructions for the use of the books published on the system. Londres: W. Aylott and Co., 8, Pater Noster Row. p. 29.

3  In: Locke, John. (1693) Some thoughts concerning education. Londres: A. and J. Churchill. pp. 196-7.

# Who can benefit from this edition?

We identify three kinds of readers, namely, those who take this work as a search tool, those who want to learn a language by reading authentic materials, and those attempting to read writers in their original language. The HypLern collection constitutes a very effective instrument for all of them.

1. For the first target audience, this edition represents a search tool to connect their mother tongue with that of the writer's. Therefore, they have the opportunity to read over an original literary work in an enriching and certain manner.
2. For the second group, reading every word or idiomatic expression in its actual context of use will yield a strong association between the form, the collocation, and the context. This will have a direct impact on long term learning of passive vocabulary, gradually building genuine reading ability in the original language. This book is an ideal companion not only to independent learners but also to those who take lessons with a teacher. At the same time, the continuous feeling of achievement produced during the process of reading original authors both stimulates and empowers the learner to study[1].
3. Finally, the third kind of reader will notice the same benefits as the previous ones. The proximity of a word and its translation in our interlinear texts is a step further from other collections, such as the Loeb Classical Library. Although their works might be considered the most famous in this genre, the presentation of texts on opposite pages hinders the immediate link between words and their semantic equivalence in our native tongue (or one we have a strong mastery of).

---

1  Some further ways of using the present work include:

1. As you progress through the stories, focus less on the lower line (the English translation). Instead, try to read through the upper line, staying in the foreign language as long as possible.
2. Even if you find glosses or explanatory footnotes about the mechanics of the language, you should make your own hypotheses on word formation and syntactical functions in a sentence. Feel confident about inferring your own language rules and test them progressively. You can also take notes concerning those idiomatic expressions or special language usage that calls your attention for later study.
3. As soon as you finish each text, check the reading in the original version (with no interlinear or parallel translation). This will fulfil the main goal of this

collection: bridging the gap between readers and original literary works, training them to read directly and independently.

# Why interlinear?

Conventionally speaking, tiresome reading in tricky and exhausting circumstances has been the common definition of learning by texts. This collection offers a friendly reading format where the language is not a stumbling block anymore. Contrastively, our collection presents a language as a vehicle through which readers can attain and understand their authors' written ideas.

While learning to read, most people are urged to use the dictionary and distinguish words from multiple entries. We help readers skip this step by providing the proper translation based on the surrounding context. In so doing, readers have the chance to invest energy and time in understanding the text and learning vocabulary; they read quickly and easily like a skilled horseman cantering through a book.

Thereby we stress the fact that our proposal is not new at all. Others have tried the same before, coming up with evident and substantial outcomes. Certainly, we are not pioneers in designing interlinear texts. Nonetheless, we are nowadays the only, and doubtless, the best, in providing you with interlinear foreign language texts.

## Handling instructions

Using this book is very easy. Each text should be read at least three times in order to explore the whole potential of the method. The first phase is devoted to comparing words in the foreign language to those in the mother tongue. This is to say, the upper line is contrasted to the lower line as the following example shows:

| 盘古 | 用 | 他的 | 整个 | 身体 | 创造了 | 美丽的 | 宇宙。 |
|------|------|------|------|------|--------|--------|--------|
| Pangu | used | his | entire | body | to create | a beautiful | universe |

The second phase of reading focuses on capturing the meaning and sense of the original text. As readers gain practice with the method, they should be able to focus on the target language without getting distracted by the translation. New users of the method, however, may find it helpful to cover the translated lines with a piece of paper as illustrated in the image below. Subsequently, they try to understand the meaning of every word, phrase, and entire sentences in the target language itself, drawing on the translation only when necessary. In this phase, the reader should resist the temptation to look at the translation for every word. In doing so, they will find that they are able to understand a good portion of the text by reading directly in the target language, without the crutch of the translation. This is the skill we are looking to train: the ability to read and understand native materials and enjoy them as native speakers do, that being, directly in the original language.

| 盘古 | 用 | 他的 | 整个 | 身体 | 创造了 | 美丽的 | 宇宙。 |
|------|-----|------|------|------|--------|--------|--------|
| Pangu | used | his | | | | | |

In the final phase, readers will be able to understand the meaning of the text when reading it without additional help. There may be some less common words and phrases which have not cemented themselves yet in the reader's brain, but the majority of the story should not pose any problems. If desired, the reader can use an SRS or some other memorization method to learning these straggling words.

盘古 用 他的 整个 身体 创造了 美丽的 宇宙。

Above all, readers will not have to look every word up in a dictionary to read a text in the foreign language. This otherwise wasted time will be spent concentrating on their principal interest. These new readers will tackle authentic texts while learning their vocabulary and expressions to use in further communicative (written or oral) situations. This book is just one work from an overall series with the same purpose. It really helps those who are afraid of having "poor vocabulary" to feel confident about reading directly in the language. To all of them and to all of you, welcome to the amazing experience of living a foreign language!

## Additional tools

Check out shop.hyplern.com or contact us at info@hyplern.com for free mp3s (if available) and free empty (untranslated) versions of the eBooks that we have on offer.

For some of the older eBooks and paperbacks we have Windows, iOS and Android apps available that, next to the interlinear format, allow for a pop-up format, where hovering over a word or clicking on it gives you its meaning. The apps also have any mp3s, if available, and integrated vocabulary practice.

Visit the site hyplern.com for the same functionality online. This is where we will be working non-stop to make all our material available in multiple formats, including audio where available, and vocabulary practice.

# Table of Contents

# 盘古开天辟地
## *Pangu Splits The Universe*

| Pángǔ | kāi | tiān | dì | shì | zhōngguóde | mínjiān | chuánshuō, |
|---|---|---|---|---|---|---|---|
| 盘古 | 开 | 天 | 地 | 是 | 中国的 | 民间 | 传说， |
| Pangu | opens | sky | ground | is | chinese | folk | legend |
| | splits | universe | | | | | |

| zuìzǎo | jiànyú | SānGuó | shíqī, | wúguó |
|---|---|---|---|---|
| 最早 | 见于 | 三国 | 时期， | 吴国 |
| earliest | seen in | the Three Kingdoms | period | Wu (State's) |
| it was first | | | | |

| Xú Zhěng | "sānwǔlìjì". |
|---|---|
| 徐整 | 《三五历纪》。 |
| Xu Zheng | Three Five Calendar |

| Chuánshuō | zài | jiǔyuǎnde | tàigǔ | shíqī, | tiān | hé |
|---|---|---|---|---|---|---|
| 传说 | 在 | 久远的 | 太古 | 时期， | 天 | 和 |
| Legend has it that | in | the far away | Archean | period | sky | and |

| dì | húnrán | yītǐ, | hái | wèi | fēnlí, | yǔzhòu |
|---|---|---|---|---|---|---|
| 地 | 浑然 | 一体， | 还 | 未 | 分离， | 宇宙 |
| ground | completely | (as) one body | still | yet to | separate | universe |

| hùndùn | yīpiàn. | Zài | zhè | piàn | hùndùn | zhīzhōng, |
|---|---|---|---|---|---|---|
| 混沌 | 一片。 | 在 | 这 | 片 | 混沌 | 之中， |
| chaos | (as) a sheet | In | this | -sheet of- | chaos | amongst |

| yǒu | yī | wèi | jiào | pángǔ | de | jùrén, | zài |
|---|---|---|---|---|---|---|---|
| 有 | 一 | 位 | 叫 | 盘古 | 的 | 巨人， | 在 |
| there was | a | -person- | named | Pangu | -that- | giant | in |

其中 睡了 十 万 八千 年。
qízhōng shuìle shí wàn bāqiān nián.
among it / slept / ten / ten thousand / eight thousand / years
108,000

有一天， 盘古 在 沉睡 中
Yǒuyītiān, Pángǔ zài chénshuì zhōng
one day / Pangu / while / sleeping profoundly / -in the middle of-

醒来， 见 周围 漆黑 一片，
xǐnglái, jiàn zhōuwéi qīhēi yīpiàn,
woke up / saw / (the) surrounding / pitch-black / (like) a sheet

万籁 俱 寂， 便 拿 起 身边的 斧头，
wànlài jù jì, biàn ná qǐ shēnbiānde fǔtóu,
all sounds / completely / silent / then / picked / up / next to him / axe
all was silent

朝 眼前的 黑暗 劈 过去。 在 一声 巨
cháo yǎnqiánde hēi'àn pī guòqù. Zài yīshēng jù
towards / before his eyes / darkness / cut / through / in / a -noise- / huge
in front of him

响 中， 这 一片 混沌 慢慢 分开。 轻
xiǎng zhōng, zhè yīpiàn hùndùn mànmàn fēnkāi. Qīng
sound / middle of / this / sheet of / chaos / slowly / separated / light

而 清的 东西 缓缓 上升， 变成了 天；
ér qīngde dōngxī huǎnhuǎn shàngshēng, biànchéngle tiān;
and / clear / things / gradually / rose up / became / sky

重 而 浊的 东西 慢慢 下沉， 变成了 地。
zhòng ér zhuóde dōngxī mànmàn xiàchén, biànchéngle dì.
heavy / and / turbid / things / slowly / sank / became / ground

Cóngcǐ, hùndùn bùfēndefēnde yǔzhòu
从此, 混沌 不分的 宇宙
from then on chaos indivisible universe

yī biàn ér wéi tiāndì, bù zài shi qīhēi
一 变 而 为 天地, 不 再 是 漆黑
one change and became universe not again to be pitch-black
all at once turned into never

yīpiàn, zhìshēn qízhōng,
一片, 置身 其中,
(as) a sheet placed themselves among it

shén qīng qì shuǎng.
神 清 气 爽。
mind clear spirit comfortable
ease of mind

tiāndì fēnkāi zhīhòu Pángǔ pà tāmen zàicì
天地 分开 之后 盘古 怕 它们 再次
sky and ground separate after Pangu worried they again

hébìng, yúshì, biàn tóu dǐngzhe tiān jiǎo tàzhe
合并, 于是 便 头 顶着 天 脚 踏着
combine as a result then head up against sky feet stepping on

dì, suí tiāndì zēngzhǎng ér biànhuà. Tiān
地, 随 天地 增长 而 变化。 天
ground following sky and ground growing and changing sky

měitiān shēng gāo yī zhàng dì měitiān
每天 升 高 一 丈, 地 每天
every day rises high(er) one zhang ground every day
(about 3.3m)

xiàchén yī zhàng, Pángǔ yě suízhe mànmàn
下沉 一 丈， 盘古 也 随着 慢慢
sinks one zhang Pangu also along with it gradually
(about 3.3m)

shēngzhǎng. Jiù zhèyàng bù zhīdào guòle duōshǎo nián,
生长。 就 这样 不 知道 过了 多少 年，
grew just like this didn't know passed how many years

tiān zhōngyú bù zài biàn gāo, dì yě bù zài
天 终于 不 再 变 高， 地 也 不 再
sky finally not again became high(er) ground also not again
grew

nénggòu gèng hòu. Pángǔ yě yīnwèi láolèi ér dǎo
能够 更 厚。 盘古 也 因为 劳累 而 倒
was able to more thick Pangu also because of fatigue -so- fell

xià.
下。
down

Pángǔ dào xià hòu, tāde shēntǐ yě fāshēngle jùdàde
盘古 倒 下 后， 他的 身体 也 发生了 巨大的
Pangu fell down after his body also took place tremendous

biànhuà. Tā hūchūde qìxí, biànchéngle sìjì de
变化。 他 呼出的 气息， 变成了 四季 的
changes his exhaled breath became four seasons 's

fēng hé piāodòngde yún; tā fāchū de shēngyīn,
风 和 飘动的 云； 他 发出 的 声音，
wind and fluttering clouds he let out that sounds

化作了 (huàzuòle, turned into) 隆隆的 (lónglóngde, booming) 雷 (léi, thunder) 声； (shēng, sound) 他的 (tāde, his) 左 (zuǒ, left) 眼 (yǎn, eye) 变成 (biànchéng, became)

普照 (pǔzhào, illuminate all) 万物 (wànwù, all things) 的 (de, -that-) 太阳， (tàiyáng, sun) 右 (yòu, right) 眼 (yǎn, eye) 变成了 (biànchéngle, became)

皎洁的 (jiǎojiéde, bright and clear) 月亮； (yuèliàng, moon)

千 (qiān, thousand) 丝 (sī, threads) 万 (wàn, ten thousand) 缕 (lǚ, strands) 的 (de, -of-) 头发 (tóufà, hair) 变成了 (biànchéngle, became)
countless and linked

闪烁的 (shǎnshuòde, twinkling) 星辰； (xīngchén, stars) 鲜血 (xiānxiě, blood) 变成了 (biànchéngle, became) 奔腾 (bēnténg, surging forward)

不 (bù, without) 息 (xī, cease) 的 (de, that) 江河 (jiānghé, rivers) 湖 (hú, lakes) 海； (hǎi, seas) 肌肉 (jīròu, muscles) 变成了 (biànchéngle, turned into)

千里 (qiānlǐ, thousand li (~500 km)) 沃野， (wòyě, fertile fields) 供 (gōng, providing) 万物 (wànwù, all creatures)

生生不息； (shēngshēngbùxī, generation after generation) 骨骼 (gǔgé, bones) 变成了 (biànchéngle, became) 花草 (huācǎo, flowers and plants)

树木， 精髓 变成了 明亮的 珍珠； 他的 头
shùmù, jīngsuǐ biànchéngle míngliàngde zhēnzhū; tāde tóu
trees marrow became bright pearls his head

化作 东 岳 泰山 （在 山东），
huàzuò dōng yuè tàishān (zài Shāndōng),
turned into eastern high mountain Mount Tai in Shandong

他的 脚 化作 西岳 华山 （在
tāde jiǎo huàzuò xīyuè huàshān (zài
his feet turned into the Western Mountain Mount Hua in

陕西）， 他的 左 臂 化作 北岳
shǎnxī), tāde zuǒ bì huàzuò běiyuè
Shaanxi his left arm turned into the Northern Mountain

恒山 （在 山西）， 他的 腹部 化作
héngshān (zài Shānxī), tāde fùbù huàzuò
Mount Heng in Shanxi his abdomen turned into

中岳 嵩山 （在 河南）。
zhōngyuè sōngshān (zài Hénán).
the Central Mountain Mount Song in Henan

盘古 用 他的 整个 身体 创造了 美丽的
Pángǔ yòng tāde zhěnggè shēntǐ chuàngzàole měilìde
Pangu used his entire body to create a beautiful

宇宙。
yǔzhòu.
universe

# 女娲造人
## *Nüwa Creates Humankind*

| Pángǔ | kāipìle | tiāndì, | yòng | shēnqū | chuàngzào | chū |
|---|---|---|---|---|---|---|
| 盘古 | 开辟了 | 天地， | 用 | 身躯 | 创造 | 出 |
| Pangu | established | universe | using with | (his) body | created | -out- |

| rì | yuè | xīngchén, | shānchuān | cǎomù. | Nà |
|---|---|---|---|---|---|
| 日 | 月 | 星辰、 | 山川 | 草木。 | 那 |
| sun | moon | stars | mountains and rivers | grass and trees | That |

| cánliú | zài | tiāndì | zhī | jiān | de | zhuó | qì | mànmàn |
|---|---|---|---|---|---|---|---|---|
| 残留 | 在 | 天地 | 之 | 间 | 的 | 浊 | 气 | 慢慢 |
| remained | in | universe | -of- | between | that | foul | air | slowly |

| huànhuà | wéi | huā | niǎo | yú | chóng, | fēiqín | zǒushòu, | wèi |
|---|---|---|---|---|---|---|---|---|
| 幻化 | 为 | 花 | 鸟 | 鱼 | 虫， | 飞禽 | 走兽， | 为 |
| turned | into | flowers | birds | fishes | insects | birds | beasts | for |

| sǐjìde | shìjiè, | zēngtiānle | shēngjī. |
|---|---|---|---|
| 死寂的 | 世界 | 增添了 | 生机。 |
| deathly still | world | brought | vitality |

| Yǒu | yī | wèi | nǚshén, | cóng | yǔzhòu | cāngmáng |
|---|---|---|---|---|---|---|
| 有 | 一 | 位 | 女神， | 从 | 宇宙 | 苍茫 |
| There was | a | -person- | goddess | from | the universe | boundless |

| chù | zǒu | lái, | xíngzǒu | zài | zhè | mǎngmǎng | yuányě | zhī | shàng. |
|---|---|---|---|---|---|---|---|---|---|
| 处 | 走 | 来， | 行走 | 在 | 这 | 莽莽 | 原野 | 之 | 上。 |
| place | go | come come over | walked | on | this | lush | plain | -of- | on |

Tā fàngyǎn wàng qù, zhǐ jiàn shānlǐng
她 放眼 望 去, 只 见 山岭
She took a broad view gazed -over- only saw mountains
looked into the distance

qǐfú jiānghé bēnliú cónglín màomì,
起伏, 江河 奔流, 丛林 茂密,
rising and falling rivers rapidly flowing jungles (were) dense

cǎomù zhēng huī. Tiānshàng bǎi niǎo fēi
草木 争 辉。 天上 百 鸟 飞
plants fighting over brightness In the sky hundred birds flying

míng, dìshàng qún shòu bēnchí, yú
鸣, 地上 群 兽 奔驰, 鱼
singing on the ground herds of animals galloped fish

xiáng qiǎn dǐ, chóng míng niǎo jiào dànshì
翔 浅 底, 虫 鸣 鸟 叫, 但是
gliding about shallow bottom insects singing birds calling but

nǚshén nǚwā què zǒng gǎnjué sǐqìchénchén, méiyǒu
女神 女娲 却 总 感觉 死气沉沉, 没有
goddess Nüwa however always felt lifeless there was no

shēngjī hé lèqù.
生机 和 乐趣。
vitality and joy

nǚwā huáxíng zài dàdì, shàng tā shēnshēn de rè'àizhe
女娲 滑行 在 大地 上, 她 深深 地 热爱着
Nüwa glided on earth -on- she deep -ly loved

huācǎo　　shùmù,　rán'ér　tā　gèngjiā　táozuì
花草　　树木，　然而　她　更加　陶醉
flowers and plants　trees　yet　she　even more　was intoxicated

yú　nàxiē　gèng　huópō　hé　gèng　fùyǒu　zhāoqì　de
于　那些　更　活泼　和　更　富有　朝气　的
by　those　more　active　and　more　full of　vibrancy　that

shēngwù.　Zài　zhè　mángmáng　tiāndì　zhī　jiān
生物。　在　这　茫茫　天地　之　间
living creatures　-on-　this　boundless　universe　-of-　between

sìhū　hái　quē　diǎn　shénme.　Nǚwā
似乎　还　缺　点　什么。　女娲
it seemed　still　lacked　a little　something　Nüwa

biān　zǒu　biān　xiǎng,　zǒu　zhe　zǒu　zhe　yǒudiǎn
边　走　边　想，　走　着　走　着　有点
while　walking　while　thinking　walk　-ing　walk　-ing　felt a little
think while walking

lèi　le,　jiù　zài　yīgè　xiǎo　chízi　pángbiān　dūnle
累　了，　就　在　一个　小　池子　旁边　蹲了
tired　—　so　at　a　small　pond　beside　squatted

xiàlái,　hūrán,　qīngchède　chíshuǐ　zhào　jiànle　tā
下来，　忽然，　清澈的　池水　照　见了　她
down　suddenly　clear　pond water　reflected　-and saw-　her

měilìde　miànróng.　Tā　fāxiàn:　Tā　xiào,　shuǐzhōng　de
美丽的　面容。　她　发现：　她　笑，　水中　的
beautiful　appearance　She　found out　she　smiled　in the water　of

倒影 也 跟着 她 笑, 她 生气, 这
dàoyǐng yě gēnzhe tā xiào, tā shēngqì, zhè
reflection also followed/copied her to smile she got angry this

倒影 也 和 她 一样 皱起了 眉头。 于是 她
dàoyǐng yě hé tā yīyàng zhòuqǐle méitóu. Yúshì tā
reflection also like her the same wrinkled (its) brow so she

灵机一动, 想道, 这 世界 之 大
língjīyīdòng, xiǎngdào, zhè shìjiè zhī dà
had a brainstorm thinking this world -of- big

无 奇 不 有, 那 我 也 可以 创造
wú qí bù yǒu, nà wǒ yě kěyǐ chuàngzào
without strange not to have so I as well can create
nothing is too strange

出 和 我 一样的 生物, 为 这 苍茫 宇宙
chū hé wǒ yīyàngde shēngwù, wèi zhè cāngmáng yǔzhòu
-out- like me the same living things to this boundless universe

增添 生机。
zēngtiān shēngjī.
bring vitality

这样 想着, 她 便 顺 手 从 池 边
Zhèyàng xiǎngzhe, tā biàn shùn shǒu cóng chí biān
like this thinking she then along hand smoothly from pond side

抓 起 一 团 黄 泥, 掺和了 水, 用
zhuā qǐ yī tuán huáng ní, chānhuole shuǐ, yòng
grabbed up a lump of yellow mud blended water with

shǒu　róu　niē,　biàn　chéng　yīgè　xiǎo　wáwa
手　揉　捏,　变　成　一个　小　娃娃
hand　rubbed　kneaded　turned (it)　into　a　little　doll

yīyàngde　dōngxī.　Tā　bǎ　xiǎo　dōngxī　fàngdào　dìmiàn
一样的　东西。　她　把　小　东西　放到　地面
-like　thing　she　-put-　little　thing　put on　the ground

shàng,　nàgè　ní　niēde　xiǎo　jiāhuo　mǎshàng
上,　那个　泥　捏的　小　家伙　马上
on　that　(made of) mud　kneaded　little　fellow　immediately

huóbèngluàntiào　le　qǐlái,　bìngqiě　kāikǒu
活蹦乱跳　了　起来,　并且　开口
alive and kicking　—　-get up-started to　and　opened mouth

jiàozhe　"māma".
叫着　"妈妈"。
calling　Mama

Nǚwā　kāixīn　jíle,　tā　gěi　zìjǐ　chuàngzào
女娲　开心　极了,　她　给　自己　创造
Nüwa　happy　to the extreme　she　gave　oneselfherself　created

chūlái　de　shēngwù　qǐle　yīgè　míngzì　jiào　"rén".
出来　的　生物　起了　一个　名字　叫　"人"。
-out-　that　living things　picked　a　name　called　people

Tā　kànzhe　zìjǐ　chuàngzào　chūlái　de　xiǎo
她　看着　自己　创造　出来　的　小
She　was looking at　oneselfherself　created　-out-　that　small

wáwa, xīn xiǎng. "Yǒule zhèyàng huópō kě'àide
娃娃， 心 想。 "有了 这样 活泼 可爱的
baby heart think now that there is such active lovely
think

xiǎo rén'er, shìjiè zài yě bù huì jìmò. le"
小 人儿， 世界 再 也 不 会 寂寞 了"。
little people the world again also not would be lonely anymore
never again

Yúshì, wèile chuàngzào chū gèngduōde xiǎo rén'er,
于是， 为了 创造 出 更多的 小 人儿，
Therefore in order to create -out- even more little people

Nǚwā zhòu yè bù tíng de gōngzuòzhe. Chuàngzào
女娲 昼 夜 不 停 地 工作着。 创造
Nüwa day night not stopping -ly- was working (she) created

chū de xiǎo rén'er jiù zài tā shēnbiān huānhū
出 的 小 人儿 就 在 她 身边 欢呼
-out- that little people right by her side cheering

wánnào, Nǚwā fēicháng kāixīn, dànshì jiànjiàn gǎndào tǐ
玩闹， 女娲 非常 开心， 但是 渐渐 感到 体
playing Nüwa extremely happy but gradually felt body

lì bù zhī, yǒudiǎn píjuàn le. Dànshì
力 不 支， 有点 疲倦 了。 但是
strength not support felt a bit tired — Yet
unable to

wèile nénggòu jìxù chuàngzào chū gèngduōde "rén",
为了 能够 继续 创造 出 更多的 "人"，
in order to be able to go on creating -out- even more people

她 想到 一个 办法 —— 她 从 树林 里 找
she thought of a way — she from woods -in- searched

出 一 根 藤条， 然后 将 藤条 放
out a -stick- rattan then took rattan put
(plant in palm family)

入 泥潭 中， 浸 上 泥浆， 然后 再 拿
into mire inside dipped with mud then again took

出来， 向 四处 挥动， 就 这样， 泥 点
out toward everywhere to wave so this way mud drops

溅落 的 地方 就 出现了 许许多多的 小
splattered that places just appeared many little

人儿。
people

就 这样， 人类 出现 在 世界 上， 女娲
So this way humankind appeared on the world -on- Nüwa

也 成为了 人类 的 始祖。
also became humankind 's first ancestor

# 伏羲画卦
## *Fuxi Draws the Eight Trigrams*

| Zài | rénlèi | méngmèi | shíqī, | shēnghuó | jiānnán | kùnkǔ, |
|---|---|---|---|---|---|---|
| 在 | 人类 | 蒙昧 | 时期, | 生活 | 艰难 | 困苦, |
| In | human | barbaric | period | life (was) | difficult | suffering |

difficult and miserable

| jiùzài | zhè | shí, | wèishuǐ | shàngyóu | de | shìzú | bùluò |
|---|---|---|---|---|---|---|---|
| 就在 | 这 | 时, | 渭水 | 上游 | 的 | 氏族 | 部落 |
| right at | that | time | Wei River | upper stream | of | clan | tribe |

| dànshēngle | yī | wèi | wěidàde | rénwù | —— | fúxī. | Tā |
|---|---|---|---|---|---|---|---|
| 诞生了 | 一 | 位 | 伟大的 | 人物 | —— | 伏羲。 | 他 |
| was born | a | -person- | great | figure | — | Fuxi | he |

| lǐngdǎo | bùzú | mínzhòng | xīnqín | láozuò, |
|---|---|---|---|---|
| 领导 | 部族 | 民众 | 辛勤 | 劳作, |
| led | tribes | masses | hardworking | to work |

| "duàn | zhú、 | xù | zhú、 |
|---|---|---|---|
| "断 | 竹、 | 续 | 竹、 |
| to break | bamboo | to join | bamboo |

to chop the bamboo down and make catapults

| fēi | tǔ、 | zhú | ròu", | què | yījiù |
|---|---|---|---|---|---|
| 飞 | 土、 | 逐 | 肉", | 却 | 依旧 |
| to fly | the earth | to chase | meat | yet | still |

to load with earth and shoot    to hunt animals

食不果腹，饥寒交迫。他
*shí bù guǒfù, jī hán jiāopò. Tā*
food / not / fill the stomach / hunger / coldness / from all sides / he
not have enough food to eat

十分茫然苦闷，不知所措。
*shífēn mángrán kǔmèn, bùzhīsuǒcuò.*
extremely / at a loss / depressed / not knowing what to do

在闲暇之余，伏羲时常盘坐在
*Zài xiánxiá zhīyú, fúxī shícháng pán zuò zài*
At / leisure / outside of -after- / Fuxi / often / twisted / sit / on
sit cross legged

卦台山之巅，苦思宇宙
*guàtáishān zhī diān, kǔ sī yǔzhòu*
Guatai Mountain / of / summit / painstakingly / think / universe

奥秘。仰观日月星辰的
*àomì. Yǎng guān rì yuè xīngchén de*
secrets / raising head / to observe / sun / moon / stars / of

变化，俯察山川风物的
*biànhuà, fǔ chá shān chuān fēngwù de*
variation / bending down / to observe / mountains / rivers / scenery / of

法则，不断地反省自己，追年
*fǎzé, bùduàn de fǎnxǐng zìjǐ, zhuī nián*
law / unceasing -ly / reflect on / oneself himself / chasing after / years

逐月，风雨无阻。也许
*zhú yuè, fēngyǔ wúzǔ. Yěxǔ*
running after / months / (by) wind and rain / unimpeded / maybe

shì
是
was (due to)

| jīngchéng | suǒzhì, | jīnshí | wéi | kāi, | yǒu |
|---|---|---|---|---|---|
| 精诚 | 所至, | 金石 | 为 | 开, | 有 |
| absolute sincerity | due to | metal and stone | to be | open | there was |

even metal and stone yield to sincerity

| yītiān, | tāde | yǎnqián | chūxiànle | yīpài | měimiàode |
|---|---|---|---|---|---|
| 一天, | 他的 | 眼前 | 出现了 | 一派 | 美妙的 |
| one day | -his- | before (his) eyes | appeared | a scene of | marvelous |

| huànjìng, | yīshēng | jù | xiǎng | zhàliè | zhīhòu, | wèihé |
|---|---|---|---|---|---|---|
| 幻境, | 一声 | 巨 | 响 | 炸裂 | 之后, | 渭河 |
| fairyland | a -sound- | huge | sound | blew up | after | River Wei's |

| duì'àn | de | lóng | mǎ | huòrán | zhōng |
|---|---|---|---|---|---|
| 对岸 | 的 | 龙 | 马 | 豁然 | 中 |
| opposite bank | 's | dragon | horse | suddenly | (from the) center |

| kāi, | dàn | jiàn | lóngmǎ | zhèn | yì | ér | chū, |
|---|---|---|---|---|---|---|---|
| 开, | 但 | 见 | 龙马 | 振 | 翼 | 而 | 出, |
| cracked | but | seeing | dragon horse | flap | wings | -to- | get out |

| yōuyōurán | shùn | hé | ér | xià, | zhí | luò | hé |
|---|---|---|---|---|---|---|---|
| 悠悠然 | 顺 | 河 | 而 | 下, | 直 | 落 | 河 |
| unhurriedly | follow | river | -to- | go down | directly | fell into | river |

| xīn | fēn | xīn | shí | shàng. | Zhè | shí |
|---|---|---|---|---|---|---|
| 心 | 分 | 心 | 石 | 上。 | 这 | 时 |
| heartcenter | divided | heart | stone | on | (at) this | time |

the Divided Heart Stone

fēnxīnshí yì huànhuà wéi tàijí,
分心石 亦 幻化 为 太极,
the Divided Heart Stone / also / turned / into / Taiji (source of all things)

yīnyáng chánrào, guānghuī sì shè. Cǐ
阴阳 缠绕, 光辉 四 射。 此
Yin and Yang / entwined / radiance / four / cast / this (in all directions)

qíng cǐ jǐng zhòurán zhènhànle fúxī de xīnlíng,
情 此 景 骤然 震撼了 伏羲 的 心灵,
situation / this / scenery / all at once / shocked / Fuxi / 's / heart

tàijí shén tú yìn rù tāde yìshí zhīzhōng,
太极 神 图 印 入 他的 意识 之中,
Taiji / divine / image / engraved / into / his / consciousness / -inside-

tā dùnshí mùguāng rú jù, chèdǐ dòngchuānle
他 顿时 目光 如 炬, 彻底 洞穿了
he / immediately / eyes / like / torches / completely / understood

tiān rén hé yī de mìmǎ ——
天 人 合 一 的 密码 ——
heaven / humankind / combined into / one / of / secret code / —
man is an integral part of nature

yuánlái tiāndì jiān zhēnlǐ rúcǐ jiǎndān míngliǎo,
原来 天地 间 真理 如此 简单 明了,
it turns out / universe / between / truth / so / simple / to understand
simple and clear

wéi yīnyáng éryǐ.
唯 阴阳 而已。
only / Yin and Yang / that is all

# 神农尝百草
## *Shennong Tries 100 Herbs*

| Shénnóng | shì | shì | sān | huáng | zhī yī, | chūshēng | zài |
|---|---|---|---|---|---|---|---|
| 神农 | 氏 | 是 | 三 | 皇 | 之 一, | 出生 | 在 |
| Shennong | Clan | was | three | Sovereigns | of one / one of | was born | on |

| lièshān | de | yīgè | shí | dòng | zhōng, | suǒyǐ | yòu |
|---|---|---|---|---|---|---|---|
| 烈山 | 的 | 一个 | 石 | 洞 | 中, | 所以 | 又 |
| Mount Lie | of | one (of) | stone | cave | inside | therefore | also |

| bèi | chēn wéi | lièshān | shì, | chuánshuō | tā | gāng |
|---|---|---|---|---|---|---|
| 被 | 称 为 | 烈山 | 氏, | 传说 | 他 | 刚 |
| -by-was | called as | Mount Lie | Clan | it is said that | (when) he | just |

| chūshì, | shí | dòng | zhōuwéi | zìrán | yǒngxiànle | jiǔ |
|---|---|---|---|---|---|---|
| 出世, | 石 | 洞 | 周围 | 自然 | 涌现了 | 九 |
| was born | stone | cave | around | naturally | emerged | nine |

| yǎn | jǐng, | zhè | jiǔ | yǎn | jǐng | lǐ | de |
|---|---|---|---|---|---|---|---|
| 眼 | 井, | 这 | 九 | 眼 | 井 | 里 | 的 |
| eye -for well- | wells | these | nine | eye -for well- | wells | inside | that |

| shuǐ | bǐcǐ | xiānglián, | ruò | qǔ | qízhōngyī | yǎn | zhī |
|---|---|---|---|---|---|---|---|
| 水 | 彼此 | 相连, | 若 | 取 | 其中一 | 眼 | 之 |
| water | each other | linked together | if | take | one of the | wells | of |

| shuǐ, | qítā | jiǔ | yǎn | jiùhuì | suízhe | bōdòng. | Zhègè | háizi |
|---|---|---|---|---|---|---|---|---|
| 水, | 其他 | 九 | 眼 | 就会 | 随着 | 波动。 | 这个 | 孩子 |
| water | the other | nine | wells | would | with it | undulate | this | child |

天生 异 相， 身体 透明，
tiānshēng yì xiàng, shēntǐ tòumíng,
was born with different appearance body transparent

五脏 六腑 清晰 可
wǔzàng liùfǔ qīngxī kě
five internal organs six hollow organs clear could
heart, liver, spleen, lungs, kidneys stomach, intestines, etc

见。 九眼井 就是 他 带 来 的， 他 就是
jiàn. Jiǔyǎnjǐng jiùshì tā dài lái de, tā jiùshì
see Nine wells were he brought over — he was
(by him)

天神 下 凡， 而且 他 勤劳
tiānshén xià fán, érqiě tā qínláo
god descended to earth what's more he (was) hard-working

勇敢， 所以 被 推举 为 部落 首领。 因为 他的
yǒnggǎn, suǒyǐ bèi tuījǔ wéi bùluò shǒulǐng. Yīnwèi tāde
brave so was elected as tribe leader because his

部落 居住 在 炎热的 南方， 称 炎 族，
bùluò jūzhù zài yánrède nánfāng, chēn yán zú,
tribe was located in blistering hot south called Yan Tribe
(flame)

所以 他 也就 被 称 为 炎 帝。
suǒyǐ tā yějiù bèi chēn wéi yán dì.
therefore he also was called as Yan Emperor

有 一 次， 炎帝 看见 一只 红色的 鸟儿
Yǒu yī cì, yándì kànjiàn yīzhī hóngsède niǎoer
there was one time Yan Emperor saw a red bird

嘴巴 里 衔着 一 串 种子 一样
zuǐbā lǐ xiánzhe yī chuàn zhǒngzi yīyàng
mouth inside holding (in its mouth) a string of seed -like

的 东西, 炎帝 看见 鸟儿 将 种子 吐了
de dōngxī, yándì kànjiàn niǎoer jiāng zhǒngzi tǔle
that things Yan Emperor saw bird take seeds (and) spit

出来, 炎帝 拾 起来, 鸟儿 将 他 围住
chūlái, yándì shí qǐlái, niǎoer jiāng tā wéizhù
out Yan Emperor picked up bird -took- him around

转了 三 圈, 又 唧唧 啾啾 叫了 一会儿 飞
zhuànle sān quān, yòu jījī jiūjiū jiàole yīhuǐ'er fēi
circled three laps again chirp chirp tweeted for a while flew

走 了。 炎帝 认为 这 是 天帝 派
zǒu le. Yándì rènwéi zhè shì tiāndì pài
away — Yan Emperor thought this was God of Heaven sent

红 鸟 送来 的 种子, 便 将 种子 埋
hóng niǎo sònglái de zhǒngzi, biàn jiāng zhǒngzi mái
red bird to deliver that seeds so took the seeds buried

在 土 里。 又 用 木头 制 成 耒耜,
zài tǔ lǐ. Yòu yòng mùtóu zhì chéng lěisì,
in soil -inside- (he) also used wood to make into plow

教 人们 松 泥土, 并且 灌溉 禾苗,
jiāo rénmen sōng nítǔ, bìngqiě guàngài hémiáo,
taught people to loosen the soil and to irrigated crops

zhèyàng qiūtiān deshíhòu, jiù yǒu dàpiàn de
这样 秋天 的时候， 就 有 大片 的
so autumn when then have large tracts of

hémiáo chéngshú. Dàjiā gǎnniàn yándì
禾苗 成熟。 大家 感念 炎帝
grain seedlings ripe everyone recalled fondly Yan Emperor

de gōngláo, dōu jiāng yándì chēn wéi shénnóng,
的 功劳， 都 将 炎帝 称 为 神农，
's contribution all -took- Yan Emperor called as Shennong
Farmer God

zhèyàng zhōubiānde bùluò yě jiāng tāde bùluò chēn
这样 周边的 部落 也 将 他的 部落 称
this way the surrounding tribes also -to- his tribe called

wéi shénnóng bùluò, tā yě chéngwéile nóngyè bùzú de
为 神农 部落， 他 也 成为了 农业 部族 的
as Shennong Tribe he also became farming tribe of

shǒulǐng.
首领。
leader

Dànshì, zài tàigǔ shíqī, rénlèi qíshí yě bìng
但是， 在 太古 时期， 人类 其实 也 并
However in Archean era people actually also at all

méiyǒu tài duō de kěshíyòng de dōngxī. Yǒushíhòu chīle
没有 太 多 的 可食用 的 东西。 有时候 吃了
not have too many — edible that things sometimes ate

一些 不 该 吃 的 中了 毒 或者
yīxiē bù gāi chī de zhòngle dú huòzhě
some not should eat (things) infected with poison or

生了 病, 就 没有 任何 解救 的 办法,
shēngle bìng, jiù méiyǒu rènhé jiějiù de bànfǎ,
got sick then without any saving – solution

神农氏 为了 这 件 事
shénnóngshì wèile zhè jiàn shì
Shennong God because of this -for matters- matter

伤 透了 脑筋, 他 发誓 要 尝 遍
shāng tòule nǎojīn, tā fāshì yào cháng biàn
injured completely brain he swore to taste all
very worried

百 草 药性, 找到 正 途,
bǎi cǎo yàoxìng, zhǎodào zhèng tú,
hundreds of herbs medicinal qualities to find right way

解救 人民, 使 百姓
jiějiù rénmín, shǐ bǎixìng
to rescue people to make the common people

延 年 益 寿, 他 跋 山 涉 水,
yán nián yì shòu, tā bá shān shè shuǐ,
prolong years increase longevity he crossed hills waded water
prolong life crossed hills and rivers

行 遍 三 湘
xíng biàn sān xiāng
walked throughout three Xiang (short name of Hunan province)
Hunan Province

| 大地, | 尝 | 遍 | 百草, | 了解 | 百草 | 之 |
|---|---|---|---|---|---|---|
| dàdì, | cháng | biàn | bǎicǎo, | liǎojiě | bǎicǎo | zhī |
| the ground | tasted | all | herbs | found out | all kinds of herbs | 's |

| 平 | 毒 | 寒 | 温 | 之 | 药性, | "一 | 日 |
|---|---|---|---|---|---|---|---|
| píng | dú | hán | wēn | zhī | yàoxìng, | "yī | rì |
| mild | toxic | cold | warm | 's | medicinal qualities | one | day |

| 遇 | 七十 | 毒", | 神农 | 在 | 尝 | 百 |
|---|---|---|---|---|---|---|
| yù | qīshí | dú", | shénnóng | zài | cháng | bǎi |
| came across | seventy | poisons | Shennong | while | tasting | hundred |

| 草 | 的 | 过程 | 中 | 识别了 | 百草 | 的 |
|---|---|---|---|---|---|---|
| cǎo | de | guòchéng | zhōng | shìbiéliǎo | bǎicǎo | de |
| herbs | of | process | -during- | distinguished | all kinds of herbs | of |

| 药性, | 发现了 | 具有 | 攻 | 毒 | 祛 |
|---|---|---|---|---|---|
| yàoxìng, | fāxiànle | jùyǒu | gōng | dú | qū |
| medicinal qualities | found out | possess | attack | toxins | get rid of |

| 病, | 养 | 生 | 保 | 健 | 作用 | 的 |
|---|---|---|---|---|---|---|
| bìng, | yǎng | shēng | bǎo | jiàn | zuòyòng | de |
| sickness | maintain | life | preserve | health | function | that |

| 中药。 | 据说 | 他 | 尝 | 过 |
|---|---|---|---|---|
| zhōngyào. | Jùshuō | tā | cháng | guò |
| Chinese medicine | It is said | he | tasted | had ever |

| 三十九 | 万 | 八 | 千 | 种 |
|---|---|---|---|---|
| sānshíjiǔ | wàn | bā | qiān | zhǒng |
| thirty nine | ten thousand | eight | thousand | kinds of |

398,000

中药。有一天，他忽然发现一株攀在地上的藤状植物，开着一朵朵黄色的小花，叶子也是一张一缩，他觉得奇怪极了，就将叶子放入口中咀嚼，谁知这是一种毒性极强的药草，叫断肠草，神农氏就这样死去了，但是他开创了中医发展的先河，是

rénlèi　　　yīxué　　fāzhǎn　　de　kāiduān!
# 人类　　医学　　发展　　的 开端!
humanity's　medicine　development　's　beginning

# 雷泽华胥

## *Huaxu from Leize*

Xiāngchuán 相传 Legend has it that
zhuān 专 specialized in
sī 司 taking charge of
xíng 行 perform
léi 雷 thunder

bù 布 bring
yǔ 雨 rain
de 的 -that-
léizé 雷泽 Leize (place name)
zhī 之 of
shén, 神, God
rén 人 person
shǒu 首 head
lóng 龙 dragon

shēn, 身, body
shén 神 magical
tōng 通 power
guǎngdà. 广大。 vast
Dànshì 但是 However
píqì 脾气 temper
bàozào, 暴躁, irritable

shēnghuó 生活 lived
zài 在 in
kūnlúnshān 昆仑山 Kunlun Mountains
dōngnán 东南 southeast
wúguó 吴国 Wu (state)
xī 西 western

chuí 陲 frontier
dàzé 大泽 Daze (Anhui Province)
zhī 之 -of-
nèi. 内。 inside
Yīn 因 Because
zhuān 专 specialized in

sī 司 taking charge
de 的 that
gōngzuò 工作 job
shì 是 was
xíng 行 making
léi 雷 thunder
bù 布 bringing
yǔ, 雨, rain

传说 只要 以 手 拍 腹, 便 会 发出
chuánshuō zhǐyào yǐ shǒu pāi fù, biàn huì fāchū
it is said / if only / with / hand / to pat / stomach / then / would / make

惊 天 动 地 的 雷 声, 经
jīng tiān dòng dì de léi shēng, jīng
to startle / sky / to shake / ground / -that- / thunder / sound / to last
world-shaking

久 不 绝, 震 耳 欲 聋。
jiǔ bù jué, zhèn ěr yù lóng.
long time / not / stop / to vibrate / ears / to wish / to be deaf
deafening

雷泽 神 因为 不 好 相处 的 性格,
Léizé shén yīnwèi bù hǎo xiāngchǔ de xìnggé,
Leize / god / because / not / good (at) / getting along / of / character

所以 一直 孤独, 在 得 知 女娲 造 人,
suǒyǐ yīzhí gūdú, zài dé zhī nǚwā zào rén,
so / always / be alone / when / got / to know / Nüwa / created / humans
learned that

并 按 女娲 自己的 模样 造了
bìng àn nǚwā zìjǐde múyàng zàole
furthermore / according to / Nüwa's / own / appearance / created

圣 女 华胥, 便 抱着 好奇 之 心,
shèng nǚ huáxū, biàn bàozhe hàoqí zhī xīn,
sacred / female / Huaxu / so / carried / curious / -of- / heart
had

苦心 打探 华胥 一 族 所在,
kǔxīn dǎtàn huáxū yī zú suǒzài,
with great efforts / to trace / Huaxu / (this) one / tribe / location

终于 在 昆仑 东 南 相 见。 为
zhōngyú zài kūnlún dōng nán xiāng jiàn. Wèi
finally in Kunlun east south each other met in order to

试探 心意, 在 华胥 圣女 行进 的 前方,
shìtàn xīnyì, zài huáxū shèngnǚ xíngjìn de qiánfāng,
sound out intentions in Huaxu goddess march -that- front

用 脚 踏 出了 一个 巨大的 脚印, 最终
yòng jiǎo tà chūle yīgè jùdàde jiǎoyìn, zuìzhōng
with foot to step -out- a huge footprint eventually

华胥 走 进 雷泽 神 的 脚印。
huáxū zǒu jìn léizé shén de jiǎoyìn.
Huaxu walked into Leize God 's footprint

这 一 踩, 华胥 心 有所
Zhè yī cǎi, huáxū xīn yǒusuǒ
this as soon as (she) stepped on Huaxue's heart to some extent

动, 便 怀孕了, 十二 年 后 生下了
dòng, biàn huáiyùnle, shí'èr nián hòu shēngxiàle
moved then got pregnant twelve years later gave birth to

伏羲。
fúxī.
Fuxi

周人 的 始祖、 帝 喾 正 妃
Zhōurén de shǐzǔ, dì kù zhèng fēi
Zhou 's primogenitor Emperor Ku legal concubine
(Tribe)

姜嫄 同样 是 踩了 大 脚印 而
jiāngyuán tóngyàng shì cǎile dà jiǎoyìn ér
Jiangyuan also -was- to stepped on huge footprint and then

怀孕 生下了 弃, 也 就是 后稷。 这 种
huáiyùn shēngxiàle qì, yě jiùshì hòujì. Zhè zhǒng
got pregnant gave birth to Qi also was Houji this kind of

感 生 神话 反映了 母系 氏族 社会 的
gǎn shēng shénhuà fǎnyìngle mǔxì shìzú shèhuì de
induction birth myth reflected matriarchal tribal society of

婚姻 情况。 其实, 履 迹 是
hūnyīn qíngkuàng. Qíshí, lǚ jì shì
marriage situation Actually to walk on footprints was

先民 为了 生殖 而 举行 的
xiānmín wèile shēngzhí ér jǔxíng de
ancient people in order to reproduce -to- held that

祭祀 仪式。 全国 各地 都 有
jìsì yíshì. Quánguó gèdì dōu yǒu
to offer sacrifices ritual the whole nation everywhere all have

摸 子 洞、 得 子 泉 一类 的 景观,
mō zǐ dòng, dé zǐ quán yīlèi de jǐngguān,
touch child hole get child spring same type of sceneries

没有 子女 的 女人 摸 一 摸 那个 洞
méiyǒu zǐnǚ de nǚrén mō yī mō nàgè dòng
without children that women touch once touch that hole
have a touch

huòzhě 或者 or
hē 喝 drink
yī 一 a
kǒu 口 mouthful of
quánshuǐ 泉水 spring water
jiù 就 then
kěyǐ 可以 be able to

huáiyùn, 怀孕， get pregnant
yìsi 意思 the idea
hé 和 with
lǚ 履 to walk on
jì 迹 footprints
chàbùduō. 差不多。 about the same as

Zài 在 in
yuǎngǔ 远古 ancient
shídài, 时代， times
dàibiǎo 代表 represented
shénlíng 神灵 gods
de 的 who
shénzhí 神职 clerical
rényuán 人员 staffs

wǔ 舞 dance
yú 于 in
qián, 前， front
shì 适 proper age of the right age
líng 龄 age
nǚzǐ 女子 female
wěisuí 尾随 to tag along
qíhòu, 其后， behind

tà 踏 stepped
zài 在 on
shénzhí 神职 clerical
rényuán 人员 staff
de 的 's
jiǎoyìn 脚印 footprints
shàng, 上， -on-

yíbùyìqū, 亦步亦趋， to follow blindly
yíshì 仪式 the ritual
jiéshù 结束 ended
hòu, 后， after
xiāngzhòng 相中 to take a fancy to
de 的 that

rén 人 people
zài 在 in
yōuxián 幽闲 relaxed
zhī 之 —
chù 处 place
guò 过 to have
xìng 性 sexual
shēnghuó, 生活， life activity
cóng'ér 从而 thus

huáiyùn. 怀孕。 to be pregnant
Zài 在 in
dàyángzhōude 大洋洲的 Oceanian
dǎoguó 岛国 island countries
zhōng, 中， -inside-
yǒu 有 exists

yī zhǒng jiào "yàn yǐn" de fēngsú. Tǔzhù
一 种 叫 "宴 饮" 的 风俗。 土著
a kind of called to feast to drink — custom aboriginal
to wine and dine

jūmín zhōng de shìlíng nánzi zài yèwǎn
居民 中 的 适龄 男子 在 夜晚
inhabitants among that of the right age male at night

wéi zài yīgè lèisì nǚyīn de shuǐtán biān
围 在 一个 类似 女阴 的 水潭 边
surround at one similar to vulva that pool next to

wǔdǎo, tóngshí bǎ chángqiāng tóu dào shuǐtán
舞蹈, 同时 把 长枪 投 到 水潭
to dance at the same time take pikes throw into pool

zhōng. Érhòu yuēshàng xiānghǎo de nǚrén zài
中。 而后 约上 相好 的 女人 在
inside after that invite on intimate terms — woman in

yěwài guò xìng shēnghuó, fányǎn hòudài.
野外 过 性 生活, 繁衍 后代。
the wild to have sexual life to reproduce descendants
activity

# 夸父逐日
## *Kuafu Chases the Sun*

| | | | | | | |
|---|---|---|---|---|---|---|
| Yuǎngǔ | shíhòu, | zài | běifāng | huāngyě | zhōng, | yǒu |
| 远古 | 时候， | 在 | 北方 | 荒野 | 中， | 有 |
| ancient | times | in | northern | wilderness | -inside- | there was |

| | | | | | | |
|---|---|---|---|---|---|---|
| zuò | wéi'é | xióngwěi, | gāosǒng | rù | yún | de |
| 座 | 巍峨 | 雄伟、 | 高耸 | 入 | 云 | 的 |
| -mountain-<br>a | lofty | magnificent | towering | into | cloud | that |

| | | | | |
|---|---|---|---|---|
| gāoshān, | jiàozuò | chéngdū | zàitiān. | Zài |
| 高山， | 叫做 | 成都 | 载天。 | 在 |
| high mountain | called | Chengdu | Zaitian<br>(carries heaven) | In |

| | | | |
|---|---|---|---|
| shānlín | shēnchù, | shēnghuózhe | yīqún |
| 山林 | 深处， | 生活着 | 一群 |
| mountain forest | depths | lived | a group of |

| | | | |
|---|---|---|---|
| lì | dà | wúqióngde | jùrén. |
| 力 | 大 | 无穷的 | 巨人。 |
| strength | huge<br>extraordinarily strong | infinite | giants |

| | | | | | | | |
|---|---|---|---|---|---|---|---|
| Tāmende | shǒulǐng, | shì | yōumíng | zhī | shén | "hòutǔ" | de |
| 他们的 | 首领， | 是 | 幽冥 | 之 | 神 | "后土" | 的 |
| their | leader | was | Underworld | 's | God | Houtu | 's |

孙儿， "信" 的 儿子， 名字 叫做 夸父。 因此
grandson Xin 's son name was called Kuafu Therefore

这 群 人 就 叫 夸父 族。 他们 身
this group of people just was called Kuafu Tribe Their body

强 力 壮， 高大 魁梧， 意志力 坚强，
robust strength strong tall sturdy willpower strong

气概 非凡。 而且 还 心地 善良，
spirit extraordinary furthermore even character kind

勤劳 勇敢， 过着 与 世 无 争， 逍遥
hardworking brave living with world not argue unfettered
at peace with the world

自在的 日子。
free life

那 时候 大地 荒凉， 毒物 猛兽
that time the earth desolate toxic things beasts

横行， 人们 生活 凄 苦。 夸父 为
ran wild people's life miserable harsh Kuafu in order to

ràng běn bùluò de rénmen nénggòu huó xiàqù,
让 本 部落 的 人们 能够 活 下去,
let his own tribe 's people be able to live continue

měitiān dōu shuàilǐng zhòngrén gēn hóngshuǐ bódòu.
每天 都 率领 众人 跟 洪水 搏斗。
every day -all- led everybody with floods fight

Kuāfù chángcháng jiāng zhuōdào de xiōng'ède huáng shé,
夸父 常常 将 捉到 的 凶恶的 黄 蛇,
Kuafu often took caught that vicious yellow snakes

guà zài zìjǐde liǎng zhī ěrduǒ shàng zuòwéi
挂 在 自己的 两 只 耳朵 上 作为
hung on his two -for things- ears -on- as

zhuāngshì, zhuā zài shǒu shàng huīwǔ,
装饰, 抓 在 手 上 挥舞,
decorations grabbing in hand -on- waving

yǐn yǐwéi róng.
引 以为 荣。
consider as honor
regarding it as an honour

Yǒu yī nián de tiānqì fēicháng rè, huǒlàlàde
有 一 年 的 天气 非常 热, 火辣辣的
there was one year 's weather very hot burning

tàiyáng zhí shè zài dàdìshàng, kǎo sǐ zhuāngjià,
太阳 直 射 在 大地上, 烤 死 庄稼,
sun directly shone on the earth baked to death crops

shàijiāo shùmù, héliú gānkū. Rénmen rè dé
晒焦 树木， 河流 干枯。 人们 热 得
burned trees rivers dried up people hot -after verb-
so ... (that)

nányǐ rěnshòu, kuāfù zú de rén fēnfēn
难以 忍受， 夸父 族 的 人 纷纷
was difficult to tolerate Kuafu Tribe 's people one after another
unbearable

sǐqù.
死去。
died

Kuāfù kàndào zhè zhǒng qíngjǐng hěn nánguò, tā yǎng
夸父 看到 这 种 情景 很 难过， 他 仰
Kuafu saw this kind of scene very sad he raised

tóu wàngzhe tàiyáng, gàosù zúrén :"Tàiyáng shízài shì
头 望着 太阳， 告诉 族人： "太阳 实在 是
head looking at the sun telling tribesmen the sun really is

kěwù, wǒ yào zhuī shàng tàiyáng, zhuōzhù tā,
可恶， 我 要 追 上 太阳， 捉住 它,
detestable I must catch up with the sun to seize it

ràng tā tīng rén de zhǐhuī." Zúrén tīng
让 它 听 人 的 指挥。" 族人 听
to make it listen to people 's command tribesmen heard

hòu fēnfēn quàn zǔ.
后 纷纷 劝 阻。
afterwards one after the other to persuade to stop
dissuaded

Yǒude rén shuō: "Nǐ qiān wàn bié qù ya,
有的 人 说: "你 千 万 别 去 呀,
some people said you thousand ten thousand don't go —
no matter what

tàiyáng lí wǒmen nàme yuǎn, nǐ huì lèi sǐ
太阳 离 我们 那么 远, 你 会 累 死
the sun from us so far away you would be tired to death

de."
的。"
—

Yǒude rén shuō: "Tàiyáng nàme rè, nǐ huì bèi
有的 人 说: "太阳 那么 热, 你 会 被
some people said the sun is so hot (that) you would be

kǎo sǐ de."
烤 死 的。"
burnt to death —

Kuāfù xīnyì yǐ jué, fāshì yào zhuōzhù tàiyáng,
夸父 心意 已 决, 发誓 要 捉住 太阳,
Kuafu mind had already decided swore must catch the sun

ràng tā tīngcóng rénmen de fēnfù, wèi dàjiā
让 它 听从 人们 的 吩咐, 为 大家
to make it listen to people 's instructions for everyone

fúwù. Tā kànzhe chóukǔ bùkānde zúrén, shuō:
服务。 他 看着 愁苦 不堪的 族人, 说:
to serve he looked at depressed unbearably tribesmen said

"Wèi dàjiā de xìngfú shēnghuó, wǒ yīdìng yào qù!"
"为 大家 的 幸福 生活, 我 一定 要 去! "
for everyone 's happy life I absolutely must go

Tàiyáng gānggāng cóng hǎishàng shēng qǐ, kuāfù
太阳 刚刚 从 海上 升 起, 夸父
the sun (had) just from above the sea rose up Kuafu

gàobié zúrén, huáizhe xióngxīn
告别 族人, 怀着 雄心
said goodbye to tribesmen mind full of great ambition

zhuàngzhì, cóng dōnghǎi biān shàng xiàngzhe tàiyáng
壮志, 从 东海 边 上 向着 太阳
great aspirations from East Sea side -on- toward the sun

shēngqǐde fāngxiàng, màikāi dà bù zhuīqù, kāishǐ tā
升起的 方向, 迈开 大 步 追去, 开始 他
rising direction strode big steps chasing to start his

zhú rì de zhēngchéng.
逐 日 的 征程。
chasing the sun of journey

Tàiyáng zài kōngzhōng fēikuài de yídòng, kuāfù zài dìshàng
太阳 在 空中 飞快 地 移动, 夸父 在 地上
the sun in the sky rapid -ly moved Kuafu on the ground

rú jífēng shìde, pīnmìng de zhuī ya zhuī. Tā
如 疾风 似的, 拼命 地 追 呀 追。 他
as strong wind as if desperate -ly chasing — chasing he
like a strong wind

| chuānguò | yī | zuò | zuò | dàshān, |
|---|---|---|---|---|
| 穿过 | 一 | 座 | 座 | 大山， |
| crossed through | one | -mountain- | -mountain- | big mountains |
| | | | one after another | |

| kuàguò | yī | tiáo | tiáo | héliú, | dàdì | bèi | tāde |
|---|---|---|---|---|---|---|---|
| 跨过 | 一 | 条 | 条 | 河流， | 大地 | 被 | 他的 |
| passed through | one | -river- | -river- | rivers | the Earth | by | his |
| | | | one after another | | | | |

| jiǎobù, | zhèn | dé | "hōng | hōng" | zuòxiǎng, |
|---|---|---|---|---|---|
| 脚步， | 震 | 得 | "轰 | 轰" | 作响， |
| steps | shook | -after verb- that | boom | boom | making sounds |

| láihuí | yáobǎi. |
|---|---|
| 来回 | 摇摆。 |
| back and forth | swaying |

| Kuāfù | pǎo | lèi | deshíhòu, | jiù | wēiwēi | dǎ | gè | dǔn, |
|---|---|---|---|---|---|---|---|---|
| 夸父 | 跑 | 累 | 的时候， | 就 | 微微 | 打 | 个 | 盹， |
| Kuafu | ran | (and got) tired | when | just | slightly | -hit- took | a | nap |

| jiāng | xié | lǐ | de | tǔ | dǒu | luò | zài | dìshàng, | yúshì |
|---|---|---|---|---|---|---|---|---|---|
| 将 | 鞋 | 里 | 的 | 土 | 抖 | 落 | 在 | 地上， | 于是 |
| took | shoes | inside | that | dirt | shook | off | on | the ground | therefore |

| xíngchéng | dà | tǔshān. | È | deshíhòu, | tā | jiù |
|---|---|---|---|---|---|---|
| 形成 | 大 | 土山。 | 饿 | 的时候， | 他 | 就 |
| were formed | huge | soil mountains | hungry | when | he | just |

| zhāi | yě | guǒ | chōngjī, | yǒushíhòu | kuāfù | yě | zhǔ |
|---|---|---|---|---|---|---|---|
| 摘 | 野 | 果 | 充饥， | 有时候 | 夸父 | 也 | 煮 |
| picked | wild | fruit | to satisfy hunger | sometimes | Kuafu | also | cooked |

fàn. Tā yòng wǔ kuài shítóu jià guō, zhè wǔ
饭。他 用 五 块 石头 架 锅, 这 五
rice he used five pieces of stone to support pot these five
meals

kuài shítóu, jiù chéngle wǔ zuò
块 石头, 就 成了 五 座
pieces of stone then became five -mountains-

dǐngzú ér lì de gāoshān, yǒu jǐ qiān
鼎足 而 立 的 高山, 有 几 千
tripod and stand that high mountains had several thousands of
standing like a tripod were

mǐ gāo, zhè jiùshì wǔyuè.
米 高, 这 就是 五岳。
meters tall these were the Five Sacred Mountains

Kuāfù zhuīzhe tàiyáng pǎo, yǎnkàn lí tàiyáng
夸父 追着 太阳 跑, 眼看 离 太阳
Kuafu chasing the sun ran seeing from the sun

yuèláiyuè jìn, tāde xìnxīn yuèláiyuè qiáng.
越来越 近, 他的 信心 越来越 强。
more and more close his confidence more and more strong

Dànshì yuè jiējìn tàiyáng, jiù kě dé
但是 越 接近 太阳, 就 渴 得
But the more approached the sun then thirsty -after verb-
so

yuè lìhài, yǐjīng bùshì pěng héshuǐ
越 厉害, 已经 不是 捧 河水
more and more intense already not to hold in palms river water

就　可以　止　渴　的了。
jiù　kěyǐ　zhǐ　kě　dele.
then　could　stop　thirst　-anymore-
　　　　　　quench

但是，　他　没有　害怕，　并且　一直
Dànshì,　tā　méiyǒu　hàipà,　bìngqiě　yīzhí
However　he　did not　fear　furthermore　continuously

鼓励着　自己，　"快了，　就要　追上　太阳
gǔlìzhe　zìjǐ,　"kuàile,　jiùyào　zhuīshàng　tàiyáng
encouraging　himself　almost there　going to　catch up with　the sun

了，　人们　的　生活　就　会　幸福　了。"
le,　rénmen　de　shēnghuó　jiù　huì　xìngfú　le."
—　people　's　life　then　will　be happy　—

经过　九　天　九　夜，　在　太阳
Jīngguò　jiǔ　tiān　jiǔ　yè,　zài　tàiyáng
passed　nine　days　nine　nights　at　the sun

落山　的　地方，　夸父　终于
luòshān　de　dìfāng,　kuāfù　zhōngyú
set behind the mountains　-that-　place　Kuafu　finally

追上了　它。
zhuīshàngle　tā.
caught up with　it

红彤彤、　热辣辣的　火球，　就　在　夸父　眼　前，
Hóngtóngtóng,　rèlàlàde　huǒqiú,　jiù　zài　kuāfù　yǎn　qián,
bright red　burning　fire ball　just　in　Kuafu　eyes　in front
　　　　　　　　　　　　　　　before him

他的 头 上， 万 道 金光， 沐浴 在
*tāde tóu shàng, wàn dào jīnguāng, mùyù zài*
his head above ten thousand rays of golden light bathing on

他 身上。
*tā shēnshang.*
his body

夸父 无比 欢欣 地 张开 双 臂， 想
*Kuāfù wúbǐ huānxīn de zhāngkāi shuāng bì, xiǎng*
Kuafu extremely elated -ly opened both arms wishing

把 太阳 抱住。 可是 太阳 炽热 异常，
*bǎ tàiyáng bàozhù. Kěshì tàiyáng chìrè yìcháng,*
to take the sun to embrace But the sun red-hot unusually

夸父 感到 又 渴 又 累。 他 就 跑 到
*kuāfù gǎndào yòu kě yòu lèi. Tā jiù pǎo dào*
Kuafu felt both thirsty as well as tired he then ran to

黄河 边， 一 口 气 把
*huánghé biān, yī kǒu qì bǎ*
the Yellow River edge one mouthful of air -took-
in one breath

黄河 之 水 喝干， 可是 还是 不
*huánghé zhī shuǐ hēgān, kěshì háishì bù*
the Yellow River 's water drank dry But still not

解渴； 于是 他 又 跑 到 渭河 边，
*jiěkě; yúshì tā yòu pǎo dào wèihé biān,*
quench thirst therefore he again ran to the Wei River edge

| 把 | 渭河 | 水 | 也 | 喝 | 光, | 仍 | 不 |
|---|---|---|---|---|---|---|---|
| bǎ | wèihé | shuǐ | yě | hē | guāng, | réng | bù |
| -took- | the Wei River | water | also | drank | empty | still | not |

| 解渴; | 夸父 | 又 | 向 | 北 | 跑去, | 那里 |
|---|---|---|---|---|---|---|
| jiěkě; | kuāfù | yòu | xiàng | běi | pǎoqù, | nàli |
| quench thirst | Kuafu | again | toward | the north | ran | there |

| 有 | 纵横 | 千里 | 的 | 大 | 泽, |
|---|---|---|---|---|---|
| yǒu | zònghéng | qiānlǐ | de | dà | zé, |
| there was | vertically and horizontally | a thousand li | of | large | pond |

| 大 | 泽 | 里 | 的 | 水 | 足够 | 夸父 | 解渴。 |
|---|---|---|---|---|---|---|---|
| dà | zé | lǐ | de | shuǐ | zúgòu | kuāfù | jiěkě. |
| large | pond | inside | -that- | water | enough for | Kuafu | quench thirst |

| 但是, | 大 | 泽 | 太 | 远, | 夸父 | 还 | 没有 | 跑 | 到 |
|---|---|---|---|---|---|---|---|---|---|
| Dànshì, | dà | zé | tài | yuǎn, | kuāfù | hái | méiyǒu | pǎo | dào |
| However | large | pond | too | far away | Kuafu | yet | not | run | to |

| 大 | 泽, | 就 | 在 | 半 | 路上 | 被 | 渴 | 死了。 |
|---|---|---|---|---|---|---|---|---|
| dà | zé, | jiù | zài | bàn | lùshàng | bèi | kě | sǐle. |
| large | pond | just | in | half | road | was | "thirsted" | to death |
| | | | | | halfway | | | |

| 夸父 | 临 | 死 | 的时候, | 心里 | 充满 |
|---|---|---|---|---|---|
| Kuāfù | lín | sǐ | deshíhòu, | xīnlǐ | chōngmǎn |
| Kuafu | was about to | die | when | in his heart | full of |

| 遗憾, | 他 | 还 | 牵挂着 | 自己的 | 族人, | 于是 |
|---|---|---|---|---|---|---|
| yíhàn, | tā | hái | qiānguàzhe | zìjǐde | zúrén, | yúshì |
| regrets | he | still | worrying about | his | tribesmen | therefore |

将 自己 手 中 的 木 杖 扔 出去。
-took- his own hands in that wooden cane threw out

木 杖 落地 的 地方， 顿时
wooden cane fell on the ground -that- place immediately

生出 大 片 郁郁葱葱的 桃 林。
grew large -sheet of- verdant and lush peach forest

这 片 桃 林 终年 茂盛， 为
this -sheet of- peach forest all the year lush for

往来 的 过客 遮 荫， 结出 的
coming and going that travelers to cover provide shade produced that

鲜 桃， 为 勤劳的 人们 解渴， 让
fresh peaches for hardworking people quench thirst let

人们 能够 消除 疲劳， 精力 充沛 地
people be able to eliminate fatigue energy plentiful -ly

踏上 旅程。
to go on journey
start (their)

# 精卫填海
## *Jing Wei Fills the Sea*

炎帝 有 一个 女儿, 叫 女娃。 女娃
Yándì yǒu yīgè nǚ'ér, jiào nǚwá. Nǚwá
Yan Emperor had a daughter named Nǚ Wa Nǚ Wa

十分 乖巧, 黄帝 见了 她, 也 都
shífēn guāiqiǎo, huángdì jiànle tā, yě dōu
extremely well-behaved Yellow Emperor saw her also even

忍不住 夸奖 她, 炎帝 视 女娃 为
rěnbùzhù kuājiǎng tā, yándì shì nǚwá wéi
unable to resist praising her Yan Emperor viewed Nǚ Wa as

掌上 明 珠。
zhǎngshàng míng zhū.
on the palm bright pearl
the apple of his eye

炎帝 不 在 家 时, 女娃 便 独自 玩耍,
Yándì bù zài jiā shí, nǚwá biàn dúzì wánshuǎ,
Yan Emperor not at home times Nǚ Wa then alone played
when

她 非常 想 让 父亲 带 她 出去, 到
tā fēicháng xiǎng ràng fùqīn dài tā chūqù, dào
she extremely wished to make father take her to go out to
to have

dōnghǎi — tàiyáng shēng qǐ de dìfāng qù
东海 —— 太阳 升 起 的 地方 去
East China Sea — sun rise up that the place to

kàn yī kàn Kěshì yīnwèi fùqīn mángyú gōngshì:
看 一 看 可是 因为 父亲 忙于 公事：
see a (bit) see However because father was busy with business
have a look

Tàiyáng shēng qǐ shí lái dào dōnghǎi, zhídào
太阳 升 起 时 来 到 东海， 直到
the sun rises up times came to East China Sea until
when

tàiyáng luòxià; rì rì rúcǐ zǒngshì bùnéng dài
太阳 落下； 日 日 如此 总是 不能 带
the sun falls day (after) day in this way always couldn't take

tā qù. Zhè yī tiān, nǚwá méi gàosù fùqīn, biàn
她 去。 这 一 天， 女娃 没 告诉 父亲， 便
her to go this one day Nǚ Wa did not tell father then

yīgè rén jiàzhe yī zhǐ xiǎo chuán, xiàng
一个 人 驾着 一 只 小 船， 向
one person sailed one -for boats- small boat toward
alone

dōnghǎi tàiyáng shēng qǐ de dìfāng huá qù.
东海 太阳 升 起 的 地方 划 去。
East China Sea the sun rises up where place rowing on over

Bùxìngdeshì, hǎishàng túrán qǐle kuáng kuáng
不幸的是， 海上 突然 起了 狂 狂
Unfortunately on the sea suddenly started fierce fierce

大浪， 像 山 一样 的 海浪 把
dàlàng, xiàng shān yīyàng de hǎilàng bǎ
huge waves as mountains the same that sea waves -to-

女娃 的 小船 打 翻了， 女娃 不幸 落 入
nǔwá de xiǎochuán dǎ fānle, nǔwá bùxìng luò rù
Nǔ Wa 's small boat beat upside down Nǔ Wa unluckily fell into
overturned

海中， 终 被 无情的 大海 吞没了，
hǎizhōng, zhōng bèi wúqíngde dàhǎi tūnmòle,
the sea eventually by ruthless sea was swallowed up

永远 回不来 了。 炎帝 固然
yǒngyuǎn huíbùlái le. Yándì gùrán
forever unable to come back anymore Yan Emperor no doubt

痛 念 自己的 小 女儿， 但 却 不能 用
tòng niàn zìjǐde xiǎo nǔ'ér, dàn què bùnéng yòng
hurt missed his own little daughter but yet couldn't use
extremely

太阳 光 来 照射 她， 使 她
tàiyáng guāng lái zhàoshè tā, shǐ tā
the sun's light to illuminate her to make her

死 而 复生， 只有 独自 神伤 嗟叹 了。
sǐ ér fùshēng, zhǐyǒu dúzì shénshāng jiētànle. le.
die and come back to life only alone dispirited sighed —
return to life after death

女娃 死了， 她的 精魂 化作了 一 只 小
Nǔwá sǐle, tāde jīnghún huàzuòle yī zhī xiǎo
Nǔ Wa died her soul turned into a -for animals- little

鸟, 花 脑袋, 白 喙, 红 脚爪 发出 "精
niǎo, huā nǎodai, bái huì, hóng jiǎozhuǎ fāchū "jīng
bird colorful head white beak red talons emitting "jing

卫、 精 卫" 的 悲鸣, 所以, 人们 便 叫 此
wèi, jīng wèi" de bēimíng, suǒyǐ, rénmen biàn jiào cǐ
wei jing wei" — lament therefore people then called this

鸟 为 "精卫"。
niǎo wéi "jīngwèi".
bird as Jing Wei

精卫 痛恨 无情的 大海 夺 去了 自己 年轻的
Jīngwèi tònghèn wúqíngde dàhǎi duó qùle zìjǐ niánqīngde
Jing Wei detested ruthlessly sea took away her young

生命, 她 要 报仇 雪 恨。 因此,
shēngmìng, tā yào bàochóu xuě hèn. Yīncǐ,
life she wanted revenge to wipe away hatred Therefore
to take revenge

她 一刻 不 停 地 从 她 住 的 发鸠山
tā yīkè bù tíng de cóng tā zhù de fājiūshān
she a moment not stop -ly from she lived that Mount Fajiu
without stopping a moment

衔了 一 粒 粒 小 石子,
xiánle yī lì lì xiǎo shízǐ,
carried in the mouth one granule (after) granule of small rocks

展 翅 高 飞, 一直 飞 到 东海。 她
zhǎn chì gāo fēi, yīzhí fēi dào dōnghǎi. Tā
spread wings high flew all the way flew to East China Sea she

52

zài bōtāo xiōngyǒng de hǎimiàn shàng huí xiáng
在 波涛 汹涌 的 海面 上 回 翔
in waves surging -that- sea surface -on- in circles flying

bēimíngzhe, bǎ shízi shùzhī tóu xiàqù, xiǎng bǎ
悲鸣着， 把 石子 树枝 投 下去， 想 把
crying sadly took rocks branches threw down hoping to take

dàhǎi tián píng.
大海 填 平。
the sea (and) fill it up flat

Dàhǎi bēnténgzhe, páoxiàozhe, cháoxiào tā: "Xiǎo niǎo'r,
大海 奔腾着， 咆哮着， 嘲笑 她： "小 鸟儿，
the sea surging roaring laughing at her little bird

suànle ba, nǐ zhè gōngzuò jiù gàn
算了 吧， 你 这 工作 就 干
forget it -command- your this job even if do

yībǎi wàn nián, yě xiūxiǎng bǎ
一百 万 年， 也 休想 把
a hundred ten thousand years even then don't imagine to take
a million

wǒ tián píng!"
我 填 平！"
me (and) fill level up

Jīngwèi zài gāokōng dáfù dàhǎi: "Nǎpà shì gàn
精卫 在 高空 答复 大海： "哪怕 是 干
Jing Wei in upper air answered the sea even if was do

shàng　　　　　　　yīqiān　　wàn　　　　　　　nián,
上　　　　　　　　一千　　万　　　　　　　年,
as many as　　　　a thousand　ten thousand　　years
　　　　　　　　　　　　　　ten million

yī　　wàn　　　　　wàn　　nián,　gàn　dào　yǔzhòu　de
一　　万　　　　　万　　年,　干　到　宇宙　的
one　ten thousand　ten thousand　years　do　until　universe　's
　　　one hundred million

jìntóu,　shìjiè　de　mòrì,　wǒ　zhōng　jiāng　bǎ　nǐ
尽头,　世界　的　末日,　我　终　将　把　你
end　world　's　doomsday　I　in the end　will　-to take-　you

tián　píng　de!"
填　平　的！"
(and) fill　level　—
　　　up

"Nǐ　wèishéme　zhème　hèn　wǒ　ne?"
"你　为什么　这么　恨　我　呢？"
you　why　so　hate　me　-interrogative-

"Yīnwèi　nǐ　duó　qùle　wǒ　niánqīngde　shēngmìng,　nǐ
"因为　你　夺　去了　我　年轻的　生命,　你
because　you　took　away　my　young　life　you

jiānglái　hái　huì　duó　qù　xǔduō　niánqīng　wúgūde
将来　还　会　夺　去　许多　年轻　无辜的
in the future　still　will　take　away　lots of　young　innocent

shēngmìng.　Wǒ　yào　yǒng　wú　xiūzhǐ　de　gàn
生命。　我　要　永　无　休止　地　干
lives　I　will　forever　without　stopping　ly　do

下去，总有一天会把你
xiàqù, zǒng yǒu yītiān huì bǎ nǐ
-continue on- always inevitably / there will be / a day / will / -take- / you

填成平地。"
tián chéng píngdì."
(and) fill / into / flat ground

精卫飞翔着、鸣叫着，离开大海，又飞
Jīngwèi fēixiángzhe, míngjiàozhe, líkāi dàhǎi, yòu fēi
Jing Wei / flying / tweeting / left / the sea / again / flew

回发鸠山去捡石子和树枝。她捡
huí fājiūshān qù jiǎn shízǐ hé shùzhī. Tā jiǎn
back to / Mount Fajiu / to / pick up / rocks / and / branches / she / pick up

呀，扔呀，经年累月，
ya, rēng ya, jīng nián lěi yuè,
— / threw / — / passed / years / accumulate / months
for months and years

往复飞翔，从不停息。后来，一
wǎngfù fēixiáng, cóng bù tíngxī. Hòulái, yī
back and forth / flew / never / -not- / stopping / later / a

只海燕飞过东海时
zhǐ hǎiyàn fēiguò dōnghǎi shí
-for animals- / sea swallow / flew over / East China Sea / time
when

无意间看见了精卫，他对她的行为
wúyìjiān kànjiànle jīngwèi, tā duì tāde xíngwéi
unintentionally / saw / Jing Wei / he / towards / her / behavior

感到 困惑 不 解，但 了解 了
gǎndào kùnhuò bù jiě, dàn liǎojiě le
felt confused unable to understand but understood once
once he understood

事情 的 起因 之后，海燕 为 精卫
shìqíng de qǐyīn zhīhòu, hǎiyàn wèi jīngwèi
the matter 's cause after sea swallow by Jing Wei

大 无 畏 的 精神 所 打动，就 与 其
dà wú wèi de jīngshén suǒ dǎdòng, jiù yǔ qí
huge without fear — spirit — moved so with her
dauntless

结 成了 夫妻，生出 许多 小 鸟，
jié chéngle fūqī, shēngchū xǔduō xiǎo niǎo,
united into man and wife gave birth to lots of little birds

雌的 像 精卫，雄的 像 海燕。
cíde xiàng jīngwèi, xióngde xiàng hǎiyàn.
the females looked like Jing Wei the males looked like sea swallow

小 精卫 和 她们的 妈妈 一样，也 去
Xiǎo jīngwèi hé tāmende māma yīyàng, yě qù
little Jing Weis like their mother similar to also went to

衔 石 填 海。直到 今天，她们
xián shí tián hǎi. Zhídào jīntiān, tāmen
carry in the mouth rocks to fill up the sea until today they

还 在 做着 这 种 工作。
hái zài zuòzhe zhè zhǒng gōngzuò.
still are working on this kind of job

人们 同情 精卫，钦佩 精卫，把 它
people sympathized with Jing Wei admired Jing Wei -took- it

叫做 "冤 禽"、"誓 鸟"、"志 鸟"、"帝
called as wronged bird oath bird will bird emperor's

女 雀"，并 在 东 海边 上 立了 个
daughter sparrow and on Eastern seashore -on- set up a

古迹，叫 作 "精卫 誓 水 处"。
monument called as Jing Wei oath water place

人们 认为 精卫 填 海 象征着 一
people think Jing Wei fills up the sea symbolizing a

种 锲 而 不 舍 的 精神，善良的
kind of to carve and not give up — spirit kind-hearted
work with perseverance

愿望 和 宏伟的 志向。
wish and grand aspiration

# 千年应龙

## *Thousand Year Winged Dragon*

| Shuǐhuī 水虺 Shuihui (poisonous water snake) | | wǔ 五 (after) five | bǎi 百 hundred | nián 年 years | huà 化 turned | wéi 为 into |
|---|---|---|---|---|---|---|

| jiāo, 蛟, Jiao (flood dragon) | jiāo 蛟 Jiao | qiānnián 千年 (after) thousand years | | huà 化 turned | wéi 为 into | lóng, 龙, dragon |
|---|---|---|---|---|---|---|

| lóng 龙 dragon | wǔ 五 five | bǎi 百 hundred | nián 年 years | wéi 为 into | jiāo 角 horned | lóng, 龙, dragon | qiānnián 千年 thousand years |
|---|---|---|---|---|---|---|---|

| wéi 为 into | yìnglóng" 应龙" Ying-Dragon (winged dragon) | zài 在 in | zhōngguóde 中国的 Chinese | shénhuà 神话 mythology | zhōng, 中, -in- | lóng 龙 dragon | de 的 's |
|---|---|---|---|---|---|---|---|

| pǐnjí 品级 rank | fēn 分 divided | wéi 为 into | jiāo, 蛟, Jiao | jiāo 蛟 Jiao | jìnhuà 进化 evolved | qiānnián 千年 thousand years | zhīhòu 之后 after |
|---|---|---|---|---|---|---|---|

| biàn 变 changed | chéng 成 into | lóng, 龙, dragon | wǔbǎi 五百 five hundred | nián 年 year | de 的 — | lóng 龙 dragon | chēn 称 named | wéi 为 as |
|---|---|---|---|---|---|---|---|---|

jiǎo lóng, qiānnián yǐshàng de lóng chēn wéi
角 龙, 千年 以上 的 龙 称 为
horned dragon thousand year more than 一 dragon named as

yīng lóng.
应 龙。
Ying dragon

Lóng zài zhōngguó shì yī zhǒng yōngyǒu fēngfù wénhuà
龙 在 中国 是 一 种 拥有 丰富 文化
dragons in China are one kind of possess rich cultural

nèihán de shénshòu, yě shì "lǐjì"
内涵 的 神兽, 也 是 《礼记》
connotation that mythological beast also are Book of Rites

sì xiàng zhī yī, wèi liè shí'èr shēngxiào de
四 象 之 一, 位 列 十二 生肖 的
four symbols of one position listed twelve zodiacs of
one of the four symbols

dìwǔ. Zìgǔyǐlái, lóng zài zhōngguó shénhuà
第五。 自古以来, 龙 在 中国 神话
the fifth since ancient time dragons in Chinese mythological

chuánshuō fēichángde duō, cóng gǔdài
传说 非常的 多, 从 古代
legend extremely many from ancient time

"shānhǎijīng" dào xiàndàide gè zhǒng
《山海经》 到 现代的 各 种
Classic of Mountains and Seas to modern every kinds of
all

网络 神话 小说 里 都 有 龙 的
wǎngluò shénhuà xiǎoshuō lǐ dōu yǒu lóng de
online mythological novels in all have dragon 's

影子， 而且 都 将 龙 视 作 一 种
yǐngzi, érqiě dōu jiāng lóng shì zuò yī zhǒng
shadow what's more all -take- dragon view as a kind of

实力 强悍， 神通广大 的 生物。 龙
shílì qiánghàn, shéntōngguǎngdà de shēngwù. Lóng
strength valiant have great magic power that creature dragon

是 神话 故事 中 的 上古 神兽，
shì shénhuà gùshì zhōng de shànggǔ shénshòu,
is mythological stories in 一 ancient mythological beast

接下来 我们 就 看 看 上古 四 大
jiēxiàlái wǒmen jiù kàn kàn shànggǔ sì dà
next we then see see ancient four great
have a look

神龙 的 战斗力 如何？
shénlóng de zhàndòulì rúhé?
mythological dragons 's fighting capacity how (it was)

青龙： 青龙 又 名 苍龙，
Qīnglóng: Qīnglóng yòu míng cānglóng,
Azure Dragon Azure Dragon also named Blue Dragon

上古 以 东 为 青， 青龙 又
shànggǔ yǐ dōng wéi qīng, qīnglóng yòu
in ancient times viewed east as green Azure Dragon also

| chēn | wéi | dōngfāng | zhī | shén, | zài | | sì | líng |
|---|---|---|---|---|---|---|---|---|
| 称 | 为 | 东方 | 之 | 神， | 在 | | 四 | 灵 |
| named | as | the east | 's | God | in | | four | spirits |
| | | | | | | | four mythical creatures | |

| zhōng | zuì | wéi | gāoguì. | Qīnglóng | shēn | xíng |
|---|---|---|---|---|---|---|
| 中 | 最 | 为 | 高贵。 | 青龙 | 身 | 形 |
| -among- | the most | (seen) as | noble | Azure Dragon | body | shape |

| xiàng | shé, | qílín | shǒu, | miàn | yǒu | cháng | xū, | wǔ |
|---|---|---|---|---|---|---|---|---|
| 像 | 蛇， | 麒麟 | 首， | 面 | 有 | 长 | 须， | 五 |
| looks like | snake | unicorn | head | face | has | long | whiskers | five |

| zhuǎ, | jījiǎo | sì | lù, | tāde | zhàndòulì | wúxū |
|---|---|---|---|---|---|---|
| 爪， | 犄角 | 似 | 鹿， | 它的 | 战斗力 | 无需 |
| claws | horn | looked like | deer | its | fighting capacity | no need |

| zhíyí. | Gǔdài | hěnduō | cháodài | dōushì | yòng |
|---|---|---|---|---|---|
| 质疑。 | 古代 | 很多 | 朝代 | 都是 | 用 |
| to doubt | ancient times | many | dynasties | all | used |

| qīnglóng | lái | zuò | niánhào, | dàibiǎo | quánlì | hé | dìwèi |
|---|---|---|---|---|---|---|---|
| 青龙 | 来 | 做 | 年号， | 代表 | 权利 | 和 | 地位 |
| Azure Dragon | -to- | do | era name | represented | power | and | status |
| | | as | | | | | |

| de | xiàngzhēng, | gǔshíhòu | yīxiē | tàizǐ | huángdì | pèidài | de |
|---|---|---|---|---|---|---|---|
| 的 | 象征， | 古时候 | 一些 | 太子 | 皇帝 | 佩戴 | 的 |
| that | symbol | in old days | some | princes | emperors | wore | that |

| yùpèi | jiùshì | dàxiǎo | liǎng | tiáo | lóng, |
|---|---|---|---|---|---|
| 玉佩 | 就是 | 大小 | 两 | 条 | 龙， |
| jade pendant | were | big and small | two | -for dragons- | dragons |

dàibiǎo　　zhìgāowúshàngde　quánlì.
代表　　　至高无上的　　　权利。
represented　　supreme　　　power

Wǔ　zhuǎ　jīnlóng:　　Wǔ　zhuǎ　jīnlóng,　shì
五　爪　　金龙:　　　五　爪　　金龙,　　是
five　claws　Golden Dragon　five　claws　Golden Dragon　was

shénhuàgùshì　zhōng　yī　zhī　biànyì　ér　chéng
神话故事　　　中　　一　只　　变异　而　成
mythology　in　a　-for animals-　mutated　and　to become
　　　　　　　　　　　　　　　　evolve from mutation

de　shénlóng.　Wǔ　zhuǎ　jīnlóng　shēn　cháng
的　神龙。　　五　爪　　金龙　　身　长
that　mythological dragon　five　claws　Golden Dragon　body　long

shù　shí　zhàng,　quán　shēn　jīnhuáng,　sànfàzhe　yàoyǎnde
数　十　丈,　全　身　金黄,　散发着　耀眼的
a few　ten　Zhang　whole　body　golden　emitting　dazzling
tens of　(3.33m)

jīnsè　guāngmáng.　Chuánshuō　tā　běnlái　búguò　shì
金色　光芒。　传说　它　本来　不过　是
golden　brilliant rays　it is said　it　was originally　just　to be

yītiáo　jīnsède　xiǎo　shé　bàle,　dànshì　zài　ǒuránde
一条　金色的　小　蛇　罢了,　但是　在　偶然的
a　golden　small　snake　that's all　but　in　incidental

qíngkuàng　xià　yùdàole　pángǔ　sǐ　hòu　cánliú　de
情况　下　遇到了　盘古　死　后　残留　的
circumstance　-in-　met　Pangu　died　after　remained　that

yīdiǎn líng lì, érqiě běnshēn hái yǒu yīdiǎn
一点 灵 力, 而且 本身 还 有 一点
a little　spiritual　power　what's more　itself　still　had　a little bit

de qiánlì, wǔ zhuǎ jīnlóng néng lìng rén
的 潜力, 五 爪 金龙 能 令 人
of　potential　five　claw　Golden Dragon　could　make　people

qǐ sǐ huí shēng.
起 死 回 生。
up　death　come back to　life
raise from the dead

Yìnglóng: Yìnglóng, wéiyī de yīgè zhǎngyǒu shuāng
应龙: 应龙, 唯一 的 一个 长有 双
Ying Dragon　Ying Dragon　the only　—　one　had　pair of

yì de zhōngguó lóng lèi, dìwèi chónggāo,
翼 的 中国 龙 类, 地位 崇高,
wings　that　Chinese　dragon　kind　status　high

yǒu bǎi nián jiǎo lóng,
有 百 年 角 龙,
there is (the)　hundred　years (old)　horned　dragon

qiānnián yìnglóng zhī shuō. Yìnglóng
千年 应龙 之 说。 应龙
thousand years (old)　Ying Dragon　—　way of saying　Ying Dragon

yú wǔ fāng zhǔ zhōngyāng, wǔ xíng
于 五 方 主 中央、 五 行
among　five　directions　took charge of　the center　five　elements

司 sī 土 tǔ, 为 wéi 云雨 yúnyǔ 雷霆、 léitíng, 沟渎 gōudú
took charge of Earth for clouds and rains thunderbolts ditches

河川 héchuān 之 zhī 神。 shén. 相传 xiāngchuán 黄帝 huángdì 战 zhàn 蚩尤 chīyóu
rivers 's god legend has it Yellow Emperor fought Chi You (name)

时 shí 应龙 yìnglóng 斩 zhǎn 蚩尤、 chīyóu, 夸父, kuāfù, 在 zài
time when Ying Dragon beheaded Chi You Kua Fu during

禹 yǔ 治 zhì 洪水 hóngshuǐ 时, shí, 神龙 shénlóng
Yu (mythical leader) controlled tamed floods time when mythological dragon

曾 céng 以 yǐ 尾 wěi 扫地, sǎodì, 疏导 shūdǎo 洪水 hóngshuǐ 而 ér
once with tail swept the ground dredged floods and

立 lì 功。 gōng. 应龙 Yìnglóng 还 hái 是 shì 麒麟 qílín 的 de 祖辈, zǔbèi,
make contribution / render a great service Ying Dragon even was unicorn 's ancestor

应龙 yìnglóng 在 zài 与 yǔ 冰夷 bīngyí 大战 dàzhàn 中, zhōng, 实力 shílì 大大 dàdà
Ying Dragon in with Bing Yi (a dragon) great war -in- strength greatly

受损, shòusǔn, 无法 wúfǎ 再 zài 回 huí 到 dào 天界。 tiānjiè.
damaged unable to again come back to Heaven

烛龙：

Zhúlóng: 烛龙 是 盘古 开天辟地
Torch Dragon Torch Dragon was Pan Gu split heaven and earth

之后， 从 混沌 中 孕育出 的
zhīhòu, cóng hùndùn zhōng yùnyùchū de
after from chaos -in- came into being that

神兽， 位居 四 大 神龙 之
shénshòu, wèijū sì dà shénlóng zhī
mythological beast ranked as four great mythological dragons 's

首。 只要 它的 眼睛 张开， 长夜 就 成了
shǒu. Zhǐyào tāde yǎnjīng zhāngkāi, chángyè jiù chéngle
head as long as its eyes are open long night then became

白天， 它的 眼睛 一 闭上， 白天 就 变
báitiān, tāde yǎnjīng yī bìshàng, báitiān jiù biàn
daytime its eyes once closed daytime then changes

回 黑夜。 它 吹 口 气 就 乌云
huí hēiyè. Tā chuī kǒu qì jiù wūyún
back to night it blows a mouthful of air then dark clouds

密布， 大雪 纷飞， 成为 冬天， 呼
mìbù, dàxuě fēnfēi, chéngwéi dōngtiān, hū
gather great snow swirls in the air becomes winter exhaled

口 气 又 马上 赤 日 炎炎，
kǒu qì yòu mǎshàng chì rì yányán,
a mouthful of air again immediately red sun scorching
burning sun

流 金 铄 石， 变 为 夏天。 烛龙
liú jīn shuò shí, biàn wéi xiàtiān. Zhúlóng
flows gold melts stone changes into summer Torch Dragon
extremely hot

神通广大， 能 呼 风 唤 雨 为
shéntōngguǎngdà, néng hū fēng huàn yǔ wéi
has great magic power can call wind called out rain as
summon wind and rain

战斗力 最 强的 龙。
zhàndòulì zuì qiángde lóng.
fighting capacity the most strong dragon

# 羲和驭日
## *Xihe Drives to the Sun*

| Guānyú | xīhé | de | gùshì | zuì | zǎo | jiànyú |
|---|---|---|---|---|---|---|
| 关于 | 羲和 | 的 | 故事 | 最 | 早 | 见于 |
| about | Xihe | 's | story | most | early first | was seen in |

| "shānhǎijīng· | dàhuāngnánjīng": |
|---|---|
| 《山海经· | 大荒南经》: |
| Classic of Mountains and Seas | Classic of the Great Wilderness: South |

| Zài | dà | huāng | dāngzhōng, | yǒu | zuò |
|---|---|---|---|---|---|
| 在 | 大 | 荒 | 当中, | 有 | 座 |
| in | great | wilderness | among | there was | a (for mountains) |

| shān | míng | jiào | tiāntái | shān, | hǎishuǐ | cóng | nánbiān |
|---|---|---|---|---|---|---|---|
| 山 | 名 | 叫 | 天台 | 山, | 海水 | 从 | 南边 |
| mountain | name | called | Tiantai | Mount | sea water | from | the south |

| liú | jìn | zhè | zuò | shān | zhōng. | Zài | dōnghǎi |
|---|---|---|---|---|---|---|---|
| 流 | 进 | 这 | 座 | 山 | 中。 | 在 | 东海 |
| flowed | into | this | -for mountains- | mountain | -inside- | -at- | East Sea |

| zhīwài, | gān | shuǐ | zhījiān, | yǒu | gè | xīhé | guó. | Zhèli |
|---|---|---|---|---|---|---|---|---|
| 之外, | 甘 | 水 | 之间, | 有 | 个 | 羲和 | 国。 | 这里 |
| outside | sweet fresh water | water | between | there was | a | Xihe | State | here |

| yǒu | gè | jiào | xīhé | de | nǚzi, | zhèngzài | gānyuān |
|---|---|---|---|---|---|---|---|
| 有 | 个 | 叫 | 羲和 | 的 | 女子， | 正在 | 甘渊 |
| there was | a | called | Xihe | that | woman | right in | Ganyuan (a lake) |

| zhōng | gěi | tàiyáng | xǐzǎo. | Xīhé | zhègè | nǚzi, | shì |
|---|---|---|---|---|---|---|---|
| 中 | 给 | 太阳 | 洗澡。 | 羲和 | 这个 | 女子， | 是 |
| middle | to | the sun | giving a bath | Xihe | this | woman | was |

| dìjùn | de | qīzi, | shēngle | shígè | tàiyáng. | Yúshì |
|---|---|---|---|---|---|---|
| 帝俊 | 的 | 妻子， | 生了 | 十个 | 太阳。 | 于是 |
| Di Jun Emperor Jun | 's | wife | gave birth to | ten | suns | therefore |

| xīhé | shǒuxiān | yǐ | rì | mǔ | de | xíngxiàng | chūxiàn | zài |
|---|---|---|---|---|---|---|---|---|
| 羲和 | 首先 | 以 | 日 | 母 | 的 | 形象 | 出现 | 在 |
| Xihe | firstly | with | the Sun | mother | 's | image | appeared | in |

| rénmen | de | miànqián, | tā | shì | rénlèi | guāngmíng | de |
|---|---|---|---|---|---|---|---|
| 人们 | 的 | 面前， | 她 | 是 | 人类 | 光明 | 的 |
| people | 's | front | she | was | humankind | brightness | 's |

| dìzàozhě, | shì | tàiyáng | chóngbài | zhōng | zhìgāowúshàngde |
|---|---|---|---|---|---|
| 缔造者， | 是 | 太阳 | 崇拜 | 中 | 至高无上的 |
| founder | was | sun | to worship | among | supreme |

| shén. |
|---|
| 神。 |
| god |

| Tiāndì | chū | kāi | hòu, | tiāndì | bù | wěn, | pángǔ |
|---|---|---|---|---|---|---|---|
| 天地 | 初 | 开 | 后， | 天地 | 不 | 稳， | 盘古 |
| sky and heaven | first | split | after | sky and heaven | not | stable | Pangu |

| dàshén | biàn | tóudǐng | lántiān, | jiǎo | tà |
|---|---|---|---|---|---|
| 大神 | 便 | 头顶 | 蓝天， | 脚 | 踏 |
| god | then | carried on the head | the blue sky | feet | stepped on |

| dàdì, | měi | rì | zhǎng | gāo | yī | zhàng, | jīngguò |
|---|---|---|---|---|---|---|---|
| 大地， | 每 | 日 | 长 | 高 | 一 | 丈， | 经过 |
| the ground | every | day | grew | taller | one | Zhang (3.33m) | passed |

| yī | wàn | bāqiān | nián, | tiāndì |
|---|---|---|---|---|
| 一 | 万 | 八千 | 年， | 天地 |
| one | ten thousand | eight thousand | years | sky and heaven |
| | 18,000 | | | |

| dìng | xíng. | Hòulái | pángǔ | dàshén | yǒu | gǎn | yú |
|---|---|---|---|---|---|---|---|
| 定 | 型。 | 后来 | 盘古 | 大神 | 有 | 感 | 于 |
| to set | form | Later | Pangu | god | had | feeling | on |

reached their final forms

| tiāndì | jiān | wànwù | jiē | wú, | biàn | shēn |
|---|---|---|---|---|---|---|
| 天地 | 间 | 万物 | 皆 | 无， | 便 | 身 |
| sky and heaven | between | all things | all | lack | then | body |
| | | | utter emptiness | | | |

| huà | hónghuāng: | Zuǒ | yǎn | wéi | rì, | yòu | yǎn | wéi |
|---|---|---|---|---|---|---|---|---|
| 化 | 洪荒： | 左 | 眼 | 为 | 日， | 右 | 眼 | 为 |
| turned into | primeval chaos | left | eye | as | the sun | right | eye | as |

| yuè, | tóufà | chéng | fánxīng | diǎndiǎn; | xiānxuè | biàn |
|---|---|---|---|---|---|---|
| 月， | 头发 | 成 | 繁星 | 点点； | 鲜血 | 变 |
| the moon | hair | became | sky of stars | dotted | blood | changed |
| | | | full of sparkling stars | | | |

| chéng | jiānghé | hú | hǎi, | jīròu | biàn | chéng |
|---|---|---|---|---|---|---|
| 成 | 江河 | 湖 | 海， | 肌肉 | 变 | 成 |
| into | rivers | lakes | seas | muscle | changed | into |

qiānlǐ
千里
thousand-li long
(~500km)

wòyě;
沃野;
fertile lands

gǔgé
骨骼
bones

biàn
变
changed

chéng
成
into

cǎomù,
草木,
grass and trees

jīn
筋
muscles

mài
脉
veins

biàn
变
changed

chéng
成
into

dàolù;
道路;
roads

yáchǐ
牙齿
teeth

biàn
变
changed

chéng
成
into

jīnshí,
金石,
metal and stones

jīngsuǐ
精髓
marrow

biàn
变
changed

chéng
成
into

zhēnzhū;
珍珠;
pearls

qì
气
breath

wéi
为
as

fēngyún,
风云,
wind and clouds

shēng
声
voice

wéi
为
as

léitíng,
雷霆,
thunderbolts

hàn
汗
sweat

chéng
成
as

yǔlù;
雨露;
rain

pángǔ
盘古
Pangu

dàshén
大神
god

dǎo
倒
fell

xià
下
down

shí,
时,
time
when

tóu
头
head

yǔ
与
and

sìzhī
四肢
arms and legs
(lit. four limbs)

huàchéngle
化成了
turned into

wǔ
五
five

yuè,
岳,
mountains

ér
而
while

shēngzhíqì
生殖器
reproductive organ

què
却
however

chéngle
成了
became

tiāndì
天地
heaven and earth

jiān
间
between

de
的
-that-

zhīdiǎn
支点
support point

bùzhōu
不周
Buzhou

shānmài...
山脉...
mountain range

jīngguò
经过
passed
after

shù
数
several

年 孕育 出 三 大 神兽， 此
nián yùnyù chū sān dà shénshòu, cǐ
years bred out three great mythological beasts these

神兽 为 三 足 形状， 像
shénshòu wéi sān zú xíngzhuàng, xiàng
mythological beasts were three legged appearance looked like

乌鸦 却 比 乌鸦 无比 庞大，
wūyā què bǐ wūyā wúbǐ pángdà,
crow but compared to crow incomparably more enormous

全身 金色 羽毛， 天生 带有 太阳 真
quánshēn jīnsè yǔmáo, tiānshēng dàiyǒu tàiyáng zhēn
the whole body golden feather innately having the sun's real

火， 故 为 三 足 金乌， 其中
huǒ, gù wéi sān zú jīnwū, qízhōng
fire therefore known as three legged golden crow among them

一 名 为 帝俊， 另 两 名 为 太一，
yī míng wéi dìjùn, lìng liǎng míng wéi tàiyī,
one named as Di Jun the other two named as Tai Yi

羲和。
xīhé.
Xihe

帝俊 在 中国 古代 神话 中 是 一个
Dìjùn zài zhōngguó gǔdài shénhuà zhōng shì yīgè
Di Jun in Chinese ancient mythologies -in- was a

| mí | yībān | de | shénxìng | rénwù, | tāde | shìjì | jìbù | wéi |
|---|---|---|---|---|---|---|---|---|
| 谜 | 一般 | 的 | 神性 | 人物， | 他的 | 事迹 | 既不 | 为 |
| mystery | -like | that | divinity | figure | his | deeds | neither | by |

| zhèngshǐ | suǒ | zài, | yěbù | wéi | zhū | zǐ | suǒ |
|---|---|---|---|---|---|---|---|
| 正史 | 所 | 载， | 也不 | 为 | 诸 | 子 | 所 |
| official history | — | recorded | nor | by | various | sages | — (ancient title) |

| chuán, | zhǐ | jiàn | yú | "shānhǎijīng" | zhīzhōng, |
|---|---|---|---|---|---|
| 传， | 只 | 见 | 于 | 《山海经》 | 之中， |
| spread | only | seen | in | Classic of Mountains and Seas | in |

| yóuqí | jízhōng | fǎnyìng | zài | "dàhuāng", |
|---|---|---|---|---|
| 尤其 | 集中 | 反映 | 在 | "大荒"、 |
| especially | concentrated | reflections | in | Great Wilderness |

| "hǎinèi" | liǎng | jīng | zhīzhōng. | Guānyú |
|---|---|---|---|---|
| "海内" | 两 | 经 | 之中。 | 关于 |
| Regions Within the Seas | (these) two | classics | within | Regarding |

| dìjùn | zài | zhōngguó | gǔdài | zhū | shén | zhōng | de |
|---|---|---|---|---|---|---|---|
| 帝俊 | 在 | 中国 | 古代 | 诸 | 神 | 中 | 的 |
| Di Jun | among | Chinese | ancient times | various | gods | among | — |

| dìwèi, | jīntiān | zhòng, | shuō | fēnyún, | rán | yībān |
|---|---|---|---|---|---|---|
| 地位， | 今天 | 众 | 说 | 纷纭， | 然 | 一般 |
| status | today | crowd | says | many and confused opinions vary | but | generally |

| rènwéi | dìjùn | dāng | shì | shànggǔ | shídài | dōngfāng | mínzú |
|---|---|---|---|---|---|---|---|
| 认为 | 帝俊 | 当 | 是 | 上古 | 时代 | 东方 | 民族 |
| believed | Di Jun | viewed as | was | ancient | times | eastern | nations |

的 祖先 神, 这 种 看法 是 一致的, 因为
's ancestral god this kind of opinion is unanimous because

《山海经》 记载 帝俊 活动 地 及
Classic of Mountains and Seas records Di Jun activity places and

其 子孙 之 国 大多 在 东方。 帝俊 部族
his descendants 's states mostly in the east Di Jun's tribes

与 少昊 部族 均 是 中国 东部 以 "鸟"
and Shaohao tribes both were Chinese the east used bird

为 图腾, 战国 以来, 人们 称
as totem Warring States Period since people called

日 中 神 鸟 为 "俊 鸟", 帝俊 之
the Sun in mythological bird as Jun Bird Di Jun 's

"俊" 又 可 写 为 "夋", 这 字
Jun (character) also can be written as Qun this character

在 甲骨文 中 实 为 一个 鸟 的
in Oracle bone script -in- actually as a bird 's

xíngxiàng".
形象"。
image

| Dìjùn | yě | shì | shāng | dài | yīn | mínzú | suǒ |
|---|---|---|---|---|---|---|---|
| 帝俊 | 也 | 是 | 商 | 代 | 殷 | 民族 | 所 |
| Di Jun | also | was | Shang | Dynasty | Yin | ethnic group | — |

| | fèngsì | | de | tiāndì, | Tā | běnshì | yīn |
|---|---|---|---|---|---|---|---|
| | 奉祀 | | 的 | 天帝。 | 他 | 本是 | 殷 |
| | offered sacrifices to | | that | God of Heaven | he | originally was | Yin |

| | mínzú | de | zǔzōng | shén. | Dìjùn | yǒu | liǎng | gè |
|---|---|---|---|---|---|---|---|---|
| | 民族 | 的 | 祖宗 | 神。 | 帝俊 | 有 | 两 | 个 |
| | ethnic group | 's | ancestral | god | Di Jun | had | two | -for people- |

| | qīzi, | yīgè | míng | jiào | xīhé, | zhù | zài | dōngfāng | hǎiwàide |
|---|---|---|---|---|---|---|---|---|---|
| | 妻子, | 一个 | 名 | 叫 | 羲和, | 住 | 在 | 东方 | 海外的 |
| | wives | one | name | called | Xihe | lived | on | the east | offshore |

| gānyuán, | shēngle | shígè | tàiyáng; | lìng | yīgè | míng | jiào |
|---|---|---|---|---|---|---|---|
| 甘渊, | 生了 | 十个 | 太阳; | 另 | 一个 | 名 | 叫 |
| Ganyuan (a lake) | gave birth to | ten | suns | another | one | name | called |

| chángxī, | zhù | zài | xīfāngde | huāngyě, | shēngle | shí'èrgè |
|---|---|---|---|---|---|---|
| 常羲, | 住 | 在 | 西方的 | 荒野, | 生了 | 十二个 |
| Changxi | lived | in | western | wilderness | gave birth to | twelve |

| yuèliàng. | Tā | hái | yǒu | yīgè | míng | jiào | éhuáng | de | qīzi, |
|---|---|---|---|---|---|---|---|---|---|
| 月亮。 | 他 | 还 | 有 | 一个 | 名 | 叫 | 娥皇 | 的 | 妻子, |
| moons | he | still | had | a | name | called | E'Huang | that | wife |

住 在 南方 荒野， 生了 三 身 国
zhù zài nánfāng huāngyě, shēngle sān shēn guó
lived in southern wilderness gave birth to Three Bodies State

的 先祖。 这位 先祖 一个 头 三条 身子，
de xiānzǔ. Zhèwèi xiānzǔ yīgè tóu sāntiáo shēnzi,
's ancestors this ancestor (had) one head three bodies

传 下来 的 子孙 也 都 是 这般
chuán xiàlái de zǐsūn yě dōu shì zhèbān
passed down that descendants also all were such had

模样。
múyàng.
appearance

太阳 女神 羲和 与 她的 哥哥 帝俊
Tàiyáng nǚshén xīhé yǔ tāde gēge dìjùn
The Sun Goddess Xihe and her older brother Di Jun

生下了 十个 孩子， 这 十个 孩子 就 是
shēngxiàle shígè háizi, zhè shígè háizi jiù shì
gave birth to ten children these ten children precisely were

十个 太阳。 他们 住 在 东海 之 外 的
shígè tàiyáng. Tāmen zhù zài dōnghǎi zhī wài de
ten suns they lived in East Sea of outside that

汤谷。 在 那里， 有 一个 叫做 扶桑
tānggǔ. Zài nàlǐ, yǒu yīgè jiàozuò fúsāng
Tanggu in there there was a called Fusang
(place where sun rises)

de shù. Nàgè dìfāng yě yīncǐ bèi chēn wéi fúsāng.
的 树。 那个 地方 也 因此 被 称 为 扶桑。
that tree that place also therefore by known as Fusang

Jùshuō zhè kē shù zhǎngdé shífēn
据说 这 棵 树 长得 十分
it is said that this -for trees- tree grew extremely

xióngwěi, yǒu jǐ qiān zhàng nàme gāo. Shígè
雄伟, 有 几 千 丈 那么 高。 十个
magnificently had several thousand Zhang that tall ten
was (3.33m)

tàiyáng cóngxiǎo jiù zhù zài shù shàng. Shígè tàiyáng
太阳 从小 就 住 在 树 上。 十个 太阳
suns from childhood just lived on tree -on- ten suns

yěshì yǒu tāmende zhízé de, jiù shì měitiān yào yǒu
也是 有 他们的 职责 的, 就 是 每天 要 有
also had their duties — that was every day must have

yīgè tàiyáng, qù tiānshàng zhíbān zhàoliàng
一个 太阳, 去 天上 值班 照亮
one sun to go on the sky to be on duty to illuminate

dàdì. Xīhé zuòwéi tāmende mǔqīn, měitiān huì
大地。 羲和 作为 他们的 母亲, 每天 会
the ground Xihe acted as their mother every day would

zài chūfā qián, dàizhe tāde háizi qù xiánchí hé
在 出发 前, 带着 她的 孩子 去 咸池 和
-in- starting off before taking her children to Xian Pool and

甘渊 中 洗澡。羲和 将 自己的 孩子 洗
gānyuān zhōng xǐzǎo. Xīhé jiāng zìjǐde háizi xǐ
Ganyuan in to bathe Xihe took her own children bathed

得 干干净净 之后， 让 他们 等 上 由 六条
de gàngānjìngjìng zhīhòu, ràng tāmen děng shàng yóu liùtiáo
— very clean after let them wait aboard by six

龙 拉着 的 龙车 出发 去 天上。
lóng lāzhe de lóngchē chūfā qù tiānshàng.
dragons pulled that dragon carriage to set off to the sky

因为 从 汤谷 到 蒙古 共 有 16 站，
Yīnwèi cóng tānggǔ dào ménggǔ gòng yǒu shíliù zhàn,
Because from Tanggu to Mongolia altogether had 16 stops

所以 正好 需要 一天 的 时间。 太阳 在
suǒyǐ zhènghǎo xūyào yītiān de shíjiān. Tàiyáng zài
so just so happens it took one day 's time the Suns at

第14 站 下车 步行， 而 羲和 则 驾着
dìshísì zhàn xiàchē bùxíng, ér xīhé zé jiàzhe
14th station got off to go on foot and Xihe then drove

车 回 到 汤谷， 去 准备 接送 明天
chē huí dào tānggǔ, qù zhǔnbèi jiēsòng míngtiān
carriage go back to Tanggu to prepare to shuttle tomorrow

的 太阳。这 就 是 羲和 浴 日 的 故事。
de tàiyáng. Zhè jiù shì xīhé yù rì de gùshì.
's Sun this just is Xihe bathes the Suns 's story

Yīnwèi xīhé shì tàiyángde mǔqīn, suǒyǐ tā jīngcháng wèi
因为 羲和 是 太阳的 母亲， 所以 她 经常 为
because Xihe was the Suns' mother so she always to

tàiyángmen xǐzǎo, zhège chuánshuō zhújiàn de jiù bèi
太阳们 洗澡， 这个 传说 逐渐 地 就 被
the Suns gave a bath this legend gradual -ly then was

zǒngjié wéi xīhé yù rì zhè sìgè zì.
总结 为 羲和 浴 日 这 四个 字。
summarized as Xihe bathes the Suns these four characters

# 常羲沐月

## *Changxi Bathes the Moon*

| 常羲 | 又 | 被 | 称 | 为 | "女和 | 月 | 母", | 因为 |
|---|---|---|---|---|---|---|---|---|
| Chángxī | yòu | bèi | chēn | wéi | "nǚhé | yuè | mǔ", | yīnwèi |
| Changxi | also | by | named | as | Nühe | Moon | Mother | because |

| 常羲 | 生 | 十二 | 月, | 所以 | 称 | 之 | 为 |
|---|---|---|---|---|---|---|---|
| chángxī | shēng | shí'èr | yuè, | suǒyǐ | chēn | zhī | wéi |
| Changxi | gave birth to | twelve | moons | so | called | her | as |

| "月 | 母", | 而 | 所谓 | "女 | 和", | 大概 | 是 | 因为 |
|---|---|---|---|---|---|---|---|---|
| "yuè | mǔ", | ér | suǒwèi | "nǚ | hé", | dàgài | shì | yīnwèi |
| moons' | mother | and | so called | Nü | He | probably | was | because |

| 她 | 担当着 | 调和 | 阴阳 | 的 | 重 |
|---|---|---|---|---|---|
| tā | dāndāngzhe | tiáohé | yīnyáng | de | zhòng |
| she | undertook | (the) harmonizing | Yin and Yang | 's | important |

| 任。 | 阴阳 | 合历 | 方便 |
|---|---|---|---|
| rèn. | Yīnyáng | hélì | fāngbiàn |
| task | lunar + solar | combined calendar | convenient for |
| | | (months = moon, years = sun) | |

| 百姓 | 使用, | 说 | 到 | 这里, | 就 | 可 |
|---|---|---|---|---|---|---|
| bǎixìng | shǐyòng, | shuō | dào | zhèlǐ, | jiù | kě |
| common people | to use | to speak | up to | here this point | then | can |

明白 月 神 常羲 为什么 叫 "女 和
míngbái yuè shén chángxī wèishéme jiào "nǔ hé
understand moon god Changxi why is called Nü He

月 母", 因为 常羲 负责 制定 阴
yuè mǔ, yīnwèi chángxī fùzé zhìdìng yīn
moon mother since Changxi was in charge of making lunar

历 月份, 因此 她 必须 保证 阴
lì yuèfèn, yīncǐ tā bìxū bǎozhèng yīn
calendar's months therefore she must ensure lunar

历 月份 能够 与 阳 历 的 季节
lì yuèfèn nénggòu yǔ yáng lì de jìjié
calendar's months can with solar calendar 's seasons

相 协调, 也 就是 说 调和
xiāng xiétiáo, yě jiùshì shuō tiáohé
each other coordinate also that is to say to harmonize

阴阳, 所以 以 "女 和" 为 名。 常羲 所
yīnyáng, suǒyǐ yǐ "nǔ hé" wéi míng. Chángxī suǒ
Yin and Yang therefore used Nü He as name Changxi —

从事 的 仍 是 维护 宇宙 之 秩序
cóngshì de réng shì wéihù yǔzhòu zhī zhìxù
engaged in (things) still was to maintain the Universe 's order

的 工作, 所以 也 属于 创 世 之 神
de gōngzuò, suǒyǐ yě shǔyú chuàng shì zhī shén
that work so also belong to create the world of god

zhī liè. Chángxī wéi shàohào zhī mǔ, tā yǔ
之 列。 常羲 为 少昊 之 母, 她 与
of list Changxi was Shaohao 's mother she and

jiějie xīhé kāichuàngle xīn tiāndì.
姐姐 羲和 开创了 新 天地。
older sister Xihe started new world

# 后羿射日

## *Houyi shot down the Suns*

传说 古 时候, 天空 曾 有 十个 太阳,
Chuánshuō gǔ shíhòu, tiānkōng céng yǒu shígè tàiyáng,
legend has it / ancient / time / the sky / once / had / ten / suns

他们 都 是 东方 天帝 的 儿子。 这
tāmen dōu shì dōngfāng tiāndì de érzi. Zhè
they / all / were / Eastern / Lord of Heaven / 's / sons / these

十个 太阳 跟 他们的 母亲、 天帝 的 妻子
shígè tàiyáng gēn tāmende mǔqīn, tiāndì de qīzi
ten / suns / with / their / mother / Lord of Heaven / 's / wife

共同 住 在 东海 边 上。 她 经常
gòngtóng zhù zài dōnghǎi biān shàng. Tā jīngcháng
together / lived / on / East China Sea / side / -on- / she / often

把 十个 孩子 放 在 世界 最 东边的
bǎ shígè háizi fàng zài shìjiè zuì dōngbiānde
-took- / ten / children / put / on / the world / most / east

东海 洗澡。 洗 完 澡 后, 让 他们
dōnghǎi xǐzǎo. Xǐ wán zǎo hòu, ràng tāmen
East China Sea / to bathe / to wash / to finish / bath / after / let / them
/ finish having a bath

像 小 鸟 那样 栖息 在 一 棵 大 树
xiàng xiǎo niǎo nàyàng qīxī zài yī kē dà shù
like / little / birds / that way / rest / on / a / -for plants- / big / tree

上。因为 每个 太阳 的 形象 中心 都 是 只 鸟，所以 大 树 就 成了 他们的 家，九个 太阳 栖息 在 长得 较 矮的 树枝 上，另 一个 太阳 则 栖息 在 树 梢 上。当 黎明 需要 晨光 来临 时，栖息 在 树 梢 的 太阳 便 坐着 两 轮 车，穿越 天空，照射 人间，把 光 和 热 洒 遍 世界 的 每个 角落。十个

太阳 每天 一 换， 轮流 当 值，
tàiyáng měitiān yī huàn, lúnliú dāng zhí,
suns everyday once changed took turns on duty

秩序 井然， 天地 万物 一片 和谐。
zhìxù jǐngrán, tiāndì wànwù yīpiàn héxié.
order orderly heaven and earth all things a sheet of harmony
in perfect order in

人们 在 大地 上 生活 得 非常 幸福
Rénmen zài dàdì shàng shēnghuó dé fēicháng xìngfú
people on the earth -on- lived — very happily

和睦。 人 和 人 像 邻居、 朋友
hémù. Rén hé rén xiàng línjū, péngyǒu
in harmony people and people like neighbors friends

那样， 生活 在一起， 日 出 而 耕， 日 落
nàyàng, shēnghuó zàiyīqǐ, rì chū ér gēng, rì luò
that way lived together sun rose and plowed sun fell
like

而 息， 生活 过 得 既 美满 又 幸福。
ér xī, shēnghuó guò dé jì měimǎn yòu xìngfú.
and rested life passed — both blissfully and happily

人 和 动物 也 能 和睦 相处。 那 时候
Rén hé dòngwù yě néng hémù xiāngchǔ. Nà shíhòu
people and animals also can in harmony get along that time

人们 感恩 于 太阳 给 他们 带来了
rénmen gǎn'ēn yú tàiyáng gěi tāmen dàiláile
people grateful that the Suns to them brought

shíchén, guāngmíng hé huānlè, jīngcháng miàn xiàng
时辰、 光明 和 欢乐, 经常 面 向
double-hour brightness and joy often face toward
(concept of time)

tiānkōng kētóu zuòyī,
天空 磕头 作揖,
sky to kowtow bow with hands held in front

dǐnglǐ móbài.
顶礼 膜拜。
prostrate (themselves) to worship

Kěshì, zhèyàngde rìzi guò cháng le, zhè shígè
可是, 这样的 日子 过 长 了, 这 十个
However these sorts of days passed long — these ten

tàiyáng jiù juédé wúliáo, tāmen xiǎngyào yīqǐ
太阳 就 觉得 无聊, 他们 想要 一起
suns then felt bored they wanted to together

zhōuyóu tiānkōng, juédé kěndìng hěn yǒuqù.
周游 天空, 觉得 肯定 很 有趣。
travel around sky thought definitely very interesting

Yúshì, dāng límíng láilín shí, shígè tàiyáng yīqǐ
于是, 当 黎明 来临 时, 十个 太阳 一起
Therefore when dawn came -when- ten suns together

pá shàng shuāng lún chē, tà shàng
爬 上 双 轮 车, 踏 上
climbed up double -wheeled carriage stepped on

le chuānyuè tiānkōng de zhēngchéng. Zhè yīxià,
了 穿越 天空 的 征程。 这 一下,
-completion- crossing sky — journey this once moment

dàdì shàng de rén hé wànwù jiù shòubùliǎo
大地 上 的 人 和 万物 就 受不了
ground on that people and all things then unable to bear

le. Shígè tàiyáng xiàng shígè dà huǒ qiú, tāmen
了。 十个 太阳 像 十个 大 火 球, 他们
anymore ten suns like ten big fire balls they

yīqǐ fàngchū de rèliàng kǎojiāole dàdì, shāo
一起 放出 的 热量 烤焦了 大地, 烧
together emitted that heat burned the earth burned

sǐ xǔxǔduōduōde rén hé dòngwù. Sēnlín
死 许许多多的 人 和 动物。 森林
to death a great number of people and animals forests

zháohuǒ, suǒyǒude shùmù zhuāngjià hé fángzi dōu bèi
着火, 所有的 树木 庄稼 和 房子 都 被
were on fire all trees crops and houses all were

shāo chéngle huījìn. Nàxiē zài dàhuǒ zhōng méiyǒu
烧 成了 灰烬。 那些 在 大火 中 没有
burned become ashes those in the big fire -in- had not
to

shāosǐ de rén hé dòngwù, lángbēn shǐ tū,
烧死 的 人 和 动物, 狼奔 豕 突,
burned to death that people and animals wolves ran hog rushed
ran about like wild beasts

四下流窜，发疯似的寻找可以躲避灾难的地方和能救命的水和食物。

河流干枯了，大海也面临干涸，所有的鱼类也死光了水中的怪物便爬上岸偷窃食物。农作物和果园枯萎烧焦，供给人和家畜的食物源断绝了。人们不是

| bèi | tàiyáng | de | gāowēn | huóhuó | shāo | sǐ |
|---|---|---|---|---|---|---|
| 被 | 太阳 | 的 | 高温 | 活活 | 烧 | 死 |
| by | suns | 's | high temperature | while alive | were burnt | to death |

| jiùshì | chéngle | yěshòu | kǒu | zhōng | shí. | Rénmen | zài |
|---|---|---|---|---|---|---|---|
| 就是 | 成了 | 野兽 | 口 | 中 | 食。 | 人们 | 在 |
| then | became | wild beasts' | mouth | in | food | people | in |

| huǒhǎi | zāinàn | zhōng | kǔ | kǔ | zhēngzhá, | qíqiú |
|---|---|---|---|---|---|---|
| 火海 | 灾难 | 中 | 苦 | 苦 | 挣扎, | 祈求 |
| seas of fire | disaster | -in- | hard | hard painfully | struggled | pray for |

| shàngcāng | de | ēncì! |
|---|---|---|
| 上苍 | 的 | 恩赐! |
| Heaven | 's | mercy |

| Zhè | shí, | yǒu | gè | niánqīng | yīngjùnde | yīngxióng | dàshén |
|---|---|---|---|---|---|---|---|
| 这 | 时, | 有 | 个 | 年轻 | 英俊的 | 英雄 | 大神 |
| this | moment | there was | a | young | handsome | hero | god |

| jiào | hòuyì, | tā | shì | gè | shén | jiànshǒu, | jiàn | fǎ |
|---|---|---|---|---|---|---|---|---|
| 叫 | 后羿, | 他 | 是 | 个 | 神 | 箭手, | 箭 | 法 |
| called | Houyi | he | was | a | god great | archer | archery | technique |

| chāo | qún, | bǎi | fā | bǎi | zhòng. | Tā | bèi |
|---|---|---|---|---|---|---|---|
| 超 | 群, | 百 | 发 | 百 | 中。 | 他 | 被 |
| exceed | crowd | hundred | shoot | hundred | hit | he | by |

surpassed all others — never miss the bull's eye

| tiāndì | zhàohuàn | qù, | lǐngshòule | qūgǎn | tàiyáng |
|---|---|---|---|---|---|
| 天帝 | 召唤 | 去, | 领受了 | 驱赶 | 太阳 |
| Lord of Heaven | summoned | -to- | took | driving away | the Suns |

的 使命。 他 看到 人们 生活 在 火 难
de shǐmìng. Tā kàndào rénmen shēnghuó zài huǒ nàn
of mission he saw people lived in fire disaster

中， 心 中 十分 不忍， 便 暗
zhōng, xīn zhōng shífēn bùrěn, biàn àn
-in- heart in extremely couldn't endure then secretly

下 决心 射 掉 那 多余的 九个 太阳，
xià juéxīn shè diào nà duōyúde jiǔgè tàiyáng,
made up mind to shoot down that extra nine suns

帮助 人们 脱离 苦 海。
bāngzhù rénmen tuōlí kǔ hǎi.
to help people break free from bitter sea
                                    sea of suffering

于是， 后羿 爬过了 九十九 座
Yúshì, hòuyì páguòle jiǔshíjiǔ zuò
therefore Houyi climbed ninety-nine -for mountains-

高山， 迈过了 九十九 条 大河，
gāoshān, màiguòle jiǔshíjiǔ tiáo dàhé,
high mountains strode over ninety-nine -for rivers- rivers

穿过了 九十九个 峡谷， 来 到 了 东海 边，
chuānguòle jiǔshíjiǔgè xiágǔ, lái dào le dōnghǎi biān,
crossed ninety-nine valleys came to — East Sea shore

登 上 了 一座 大山， 山 脚 下
dēng shàng le yīzuò dàshān, shān jiǎo xià
climbed up — a huge mountain mountain foot under
                                            at the foot of

就是 茫茫的 大海。后羿 拉开了 万 斤

力 弓, 搭上 千斤 重 利 箭,

瞄准 天 上 火辣辣的 太阳, 嗖 地 一

箭 射 去, 第一个 太阳 被 射 落 了。后羿

又 拉开 弓, 搭上 利 箭, 嗡 地

一声 射 去, 同时 射 落 了

两个 太阳。这 下, 天 上 还 有 七个 太阳

瞪着 红彤彤的 眼睛。后羿 感到 这些

太阳 仍 很 焦热，又 狠狠 地 射出了
tàiyáng réng hěn jiāorè, yòu hěnhěn de shèchūle
suns still very burning again merciless -ly fired

第三 支 箭。这 一 箭 射 得 很
dìsān zhī jiàn. Zhè yī jiàn shè dé hěn
the third -for arrows- arrow this one arrow shot — very

有力，一 箭 射 落 了 四个 太阳。其它的
yǒulì, yī jiàn shè luò le sìgè tàiyáng. Qítāde
powerful one arrow shot down — four suns other

太阳 吓 得 全 身 打颤，团团
tàiyáng xià dé quán shēn dǎzhàn, tuántuán
suns scared to the point whole body trembling around

旋转。就这样，后羿 一支 接 一支 地 把
xuánzhuǎn. Jiùzhèyàng, hòuyì yīzhī jiē yīzhī de bǎ
spun just this way Houyi one after one -ly- took

箭 射 向 太阳，无 一 虚发，射
jiàn shè xiàng tàiyáng, wú yī xūfā, shè
arrow shot toward the suns without one missing the target shot

掉 了 九个 太阳。中了 箭 的 九个 太阳
diào le jiǔgè tàiyáng. Zhòngle jiàn de jiǔgè tàiyáng
down — nine suns hit (by) arrow that nine suns

一个 接 一个 地 死去。他们的 羽毛
yīgè jiē yīgè de sǐqù. Tāmende yǔmáo
one by one -ly- died their feathers

纷纷 落 在 地上， 他们的 光 和 热
fēnfēn luò zài dìshàng, tāmende guāng hé rè
one after another fell on ground their light and heat

一点 一点 地 消失了。 直到 最后 剩下 一个
yīdiǎn yīdiǎn de xiāoshīle. Zhídào zuìhòu shèngxià yīgè
little little -ly- disappeared until the end remained one

太阳， 他 怕 极了， 就 按照 后羿 的
tàiyáng, tā pà jíle, jiù ànzhào hòuyì de
sun he was afraid extremely then according to Houyi 's

吩咐， 老老实实 地 为 大地 和 万物
fēnfù, lǎolǎoshíshí de wèi dàdì hé wànwù
instructions honest -ly for the earth and all things

继续 贡献 光 和 热。
jìxù gòngxiàn guāng hé rè.
continued to contribute light and heat

从此， 这个 太阳 每天 从 东方的 海边
Cóngcǐ, zhègè tàiyáng měitiān cóng dōngfāngdì hǎibiān
since then this sun everyday from eastern seashore

升 起， 晚上 从 西边的 山 落下，
shēng qǐ, wǎnshàng cóng xībiande shān luòxià,
rises up at night from western mountains sets

温暖着 人间， 保持 万物 生存， 人们
wēnnuǎnzhe rénjiān, bǎochí wànwù shēngcún, rénmen
warming the world keeping all things alive people

ān      jū  lè  yè.
安　　居　乐　业。
peacefully  live  joyful  job
live and work in peace and contentment

# 嫦娥奔月
## *Chang'e Flies to the Moon*

| Xiāngchuán | | zài | yuǎngǔde | shíhòu, | tiānshàng | tūrán |
|---|---|---|---|---|---|---|
| 相传 | | 在 | 远古的 | 时候, | 天上 | 突然 |
| according to legend | | in | ancient | time | in the sky | suddendly |

| chūxiànle | shígè | tàiyáng, | zhí | shài | de |
|---|---|---|---|---|---|
| 出现了 | 十个 | 太阳, | 直 | 晒 | 得 |
| appeared | ten | suns | continuously | burned | to the point |

| dàdì | mào | yān, | lǎobǎixìng | shízài | wú | fǎ | shēnghuó |
|---|---|---|---|---|---|---|---|
| 大地 | 冒 | 烟, | 老百姓 | 实在 | 无 | 法 | 生活 |
| the earth | emit | smoke | common people | indeed | no | way | living |

| xiàqù | le. |
|---|---|
| 下去 | 了。 |
| keep on | anymore |

| Yǒu | yīgè | lì | dà | wúbǐ | de | yīngxióng |
|---|---|---|---|---|---|---|
| 有 | 一个 | 力 | 大 | 无比 | 的 | 英雄 |
| there was | a | strength | great | incomparably | that | hero |

| míng | jiào | hòuyì, | tā | juéxīn | wèi | lǎobǎixìng |
|---|---|---|---|---|---|---|
| 名 | 叫 | 后羿, | 他 | 决心 | 为 | 老百姓 |
| name | called | Houyi | he | made up his mind | for | common people |

| jiěchú | zhège | kǔnàn. | Hòuyì | dēng | shàng |
|---|---|---|---|---|---|
| 解除 | 这个 | 苦难。 | 后羿 | 登 | 上 |
| to get rid of | this | suffering | Houyi | climbed | up |

昆仑山 顶， 运 足 气力， 拉 满

kūnlúnshān dǐng, yùn zú qìlì, lā mǎn

Kunlun Mountains / peak / applied / enough / strength / drew / fully

神 弓， "嗖—— 嗖—— 嗖——" 一口气 射

shén gōng, sōu sōu sōu yīkǒuqì shè

magical / bow / whiz / whiz / whiz / (in) one breath / shot

下 九个 太阳。 他 对 天上 最后 一个 太阳

xià jiǔgè tàiyáng. Tā duì tiānshàng zuìhòu yīgè tàiyáng

down / nine / suns / he / to / in the sky / the last / -one- / sun

说： "从 今 以后， 你 每天 必须 按时 升

shuō: "Cóng jīn yǐhòu, nǐ měitiān bìxū ànshí shēng

said / from / now / after on / you / everyday / have to / on time / rise

起， 按时 落下， 为 民 造 福！"

qǐ, ànshí luòxià, wèi mín zào fú!"

up / on time / fall down / for / people / make / benefit

work for the well-being of the people

后羿 为 老百姓 除了 害， 大伙儿 都 很

Hòuyì wèi lǎobǎixìng chúle hài, dàhuǒer dōu hěn

Houyi / for / common people / got rid of / calamity / everyone / all / very

敬重 他。 很多 人 拜 他 为 师，

jìngzhòng tā. Hěnduō rén bài tā wéi shī,

admired / him / many / people / acknowledged / him / as / master

became his disciple

跟 他 学习 武艺。 有 个 叫 逢蒙

gēn tā xuéxí wǔyì. Yǒu gè jiào péngméng

with / him / studied / martial arts / there was / a / called / Pengmeng

的 人， 为人 奸诈 贪婪， 也 随着 众人
de rén, wéirén jiānzhà tānlán, yě suízhe zhòngrén
that man personality crafty greedy also along with everybody

拜 在 后羿 的 门下。
bài zài hòuyì de ménxià.
apprenticed under Houyi 's door

后羿 的 妻子 嫦娥， 是个 美丽 善良的 女子。
Hòuyì de qīzi cháng'é, shìgè měilì shànliángde nǚzi.
Houyi 's wife Chang'e was a beautiful kind woman

她 经常 接济 生活 贫苦的 乡亲，
Tā jīngcháng jiējì shēnghuó pínkǔde xiāngqīn,
she always helped (materially) living poor villagers
in poverty

乡亲们 都 非常 喜欢 她。 一天，
xiāngqīnmen dōu fēicháng xǐhuān tā. Yītiān,
villagers all very liked her one day

昆仑山 上 的 西王母
kūnlúnshān shàng de xīwángmǔ
Kunlun Mountains on that Queen Mother of the West

送 给 后羿 一丸 仙药。 据说，
sòng gěi hòuyì yīwán xiānyào. Jùshuō,
gave as a present to Houyi a pill immortal potion it is said that

人 吃了 这 种 药， 不但 能
rén chīle zhè zhǒng yào, bùdàn néng
people eats this kind of medicine not only could
(if) someone

长生 不老, 还 可以 升 天 成
chángshēng bùlǎo, hái kěyǐ shēng tiān chéng
live long not get old but also could ascend to sky to become

仙。 可是, 后羿 不 愿意 离开 嫦娥, 就
xiān. Kěshì, hòuyì bù yuànyì líkāi cháng'é, jiù
immortal However Houyi not was willing to leave Change'e just

让 她 将 仙药 藏 在 百 宝 匣 里。
ràng tā jiāng xiānyào cáng zài bǎi bǎo xiá lǐ.
have her take elixir hide in hundred treasures box -inside-

这 件 事 不知 怎么 被 逢蒙
Zhè jiàn shì bùzhī zěnme bèi péngméng
this -for matters- matter not know how by Pengmeng

知道了, 他 一 心 想 把 后羿 的
zhīdàole, tā yī xīn xiǎng bǎ hòuyì de
found out he one heart wanted to take Houyi 's
    wholeheartedly

仙药 弄 到 手。 八月 十五 这 天
xiānyào nòng dào shǒu. Bāyuè shíwǔ zhè tiān
immortal potion get to hands August the fifteenth this day
    in his hands

清晨, 后羿 要 带 弟子 出门 去,
qīngchén, hòuyì yào dài dìzi chūmén qù,
early morning Houyi had to take disciples go out -to-

逢蒙 假装 生病, 留了下来。 到了
péngméng jiǎzhuāng shēngbìng, liúlexiàlái. Dàole
Pengmeng pretended to be sick stayed behind (when) arrived

晚上，逢蒙 手 提 宝剑，迫不及待 地
wǎnshàng, péngméng shǒu tí bǎojiàn, pòbùjídài de
night Pengmeng hands carrying sword impatient -ly

闯 进 后羿 家里，威逼 嫦娥 把
chuǎng jìn hòuyì jiālǐ, wēibī cháng'é bǎ
break into Houyi's home threatened Chang'e to take

仙药 交 出来。嫦娥 心里 想，让
xiānyào jiāo chūlái. Cháng'é xīnlǐ xiǎng, ràng
immortal potion hand over Chang'e in mind thought let

这样的 人 吃了 长 生 不 老 药，不是
zhèyàngde rén chīle cháng shēng bù lǎo yào, bùshì
this kind of person eat long life not old elixir isn't it
immortality

要 害 更多的 人 吗？于是，她 便
yào hài gèngduōde rén ma? Yúshì, tā biàn
going to do harm to even more people ？ Therefore she then

机智 地 与 逢蒙 周旋。逢蒙 见
jīzhì de yǔ péngméng zhōuxuán. Péngméng jiàn
quick-witted -ly with Pengmeng wrestled Pengmeng saw

嫦娥 不肯 交 出 仙药，就
cháng'é bùkěn jiāo chū xiānyào, jiù
Chang'e unwilling to hand over immortal potion then

翻 箱 倒 柜，四处
fān xiāng dǎo guì, sìchù
to turn over box turn upside down cupboard all around
trurned over trunks and boxes

搜寻。 眼 看 就要 搜 到
sōuxún. Yǎn kàn jiùyào sōu dào
searching eye to see about to find successfully
soon

百 宝 匣 了, 嫦娥 疾 步 向前,
bǎi bǎo xiá le, cháng'é jí bù xiàngqián,
hundred treasures casket — Chang'e quick steps forward
treasures box walked quickly

取出 仙药, 一 口 吞了 下去。
qǔchū xiānyào, yī kǒu tūnle xiàqù.
took out immortal potion (in) one mouth swallowed down
gulp

嫦娥 吃了 仙药, 突然 飘飘悠悠 地
Cháng'é chīle xiānyào, tūrán piāopiāoyōuyōu de
Chang'e ate immortal potion suddenly fluttering -ly

飞了 起来。 她 飞 出了 窗子, 飞过了 洒
fēile qǐlái. Tā fēi chūle chuāngzi, fēiguòle sǎ
flew up she flew out window flew over sprinkled

满 银 辉 的 郊野, 越 飞 越 高。
mǎn yín huī de jiāoyě, yuè fēi yuè gāo.
full of silver light that open spaces more flew more high
she flew higher and higher

碧蓝的 夜空 挂着 一 轮 明月,
Bìlánde yèkōng guàzhe yī lún míngyuè,
dark blue night sky hanging one -for round objects- bright moon

嫦娥 一直 朝着 月亮 飞 去。
cháng'é yīzhí cháozhe yuèliàng fēi qù.
Chang'e directly toward moon flew to

Hòuyì wàichū huílái, bù jiàn le qīzi cháng'é.
后羿 外出 回来, 不 见 了 妻子 嫦娥。
Houyi (from) outside came back not saw anymore wife Chang'e

Tā jiāojí de chōng chū mén wài, zhǐ jiàn hào
他 焦急 地 冲 出 门 外, 只 见 皓
he anxious -ly rushed out door -outside- only saw bright

yuè dāngkōng, yuányuánde yuèliàng shàng shù yǐng
月 当空, 圆圆的 月亮 上 树 影
moon high in sky round moon in tree shadows

pósuō, yī zhī yùtù zài shù xià
婆娑, 一 只 玉兔 在 树 下
dancing a -for animals- Jade Hare -in- tree under

tiào lái tiào qù. A! Qīzi zhèng zhàn zài yī
跳 来 跳 去。 啊! 妻子 正 站 在 一
jumped in jumped out Ah wife was just standing by a
jumped around

kē guìshù páng shēnqíng de níngwàngzhe
棵 桂树 旁 深情 地 凝望着
-for plants- cinnamon tree side deep emotion -ly gazing at
(full of)

zìjǐ. "Cháng'é! Cháng'é!" Hòuyì liánshēng hūhuàn, bù
自己。 "嫦娥! 嫦娥!" 后羿 连声 呼唤, 不
him Chang'e Chang'e Houyi repeatedly shouted not

gù yīqiè de cháozhe yuèliàng zhuī qù.
顾 一切 地 朝着 月亮 追 去。
caring about everything -ly toward moon chased over

可是 他 向前 追 三 步, 月亮 就 向后
Kěshì tā xiàngqián zhuī sān bù, yuèliàng jiù xiànghòu
Yet he forward chased three steps moon then backward

退 三 步, 怎么 也 追 不 上。
tuì sān bù, zěnme yě zhuī bù shàng.
drew back three steps how also catch unable to up with
no matter what

乡亲们 很 想念 好心的 嫦娥, 在 院子
Xiāngqīnmen hěn xiǎngniàn hǎoxīnde cháng'é, zài yuànzi
villagers very missed kind-hearted Chang'e in courtyard

里 摆上 嫦娥 平日 爱 吃 的 食品,
lǐ bǎishàng cháng'é píngrì ài chī de shípǐn,
-inside- placed Chang'e ordinarily loved to eat that food

遥遥地 为 她 祝福。 从此 以后,
yáoyáode wèi tā zhùfú. Cóngcǐ yǐhòu,
in the distance for her send blessings since this afterwards

每年 八月 十五, 就 成了 人们
měinián bāyuè shíwǔ, jiù chéngle rénmen
every year August the fifteenth then becomes people

企盼 团圆 的 中秋 佳 节。
qǐpàn tuányuán de zhōngqiū jiā jié.
look forward to reunion that Mid-Autumn joyous festival

# 刑天断首
## *Xingtian Loses his Head*

Xíngtiān shì 《shānhǎijīng》 lǐ tídào de
刑天　　是　　《山海经》　　里　　提到　　的
Xingtian was Classic of Mountains and Seas in mentioned that

yīwèi wú tóu jùrén, yuán shì yándì de
一位　　无　　头　　巨人，　　原　　是　　炎帝　　的
a without head giant originally was Yan Emperor 's

shǒuxià. Zì yándì bèi huángdì zài bǎnquán
手下。　　自　　炎帝　　被　　黄帝　　在　　阪泉
subordinate since Yan Emperor by Huang Emperor in Banquan

zhī zhàn dǎbài zhīhòu, xíngtiān biàn gēnsuí zài
之　　战　　打败　　之后，　　刑天　　便　　跟随　　在
of battle beaten after Xingtian then followed at / by

yándì shēnbiān, dìngjū zài nánfāng. Dāngshí,
炎帝　　身边，　　定居　　在　　南方。　　当时，
Yan Emperor's side settled down in the north at that time

chīyóu qǐbīng fùchóu, què bèi huángdì
蚩尤　　起兵　　复仇，　　却　　被　　黄帝
Chiyou dispatched troops to take revenge yet by Huang Emperor

chǎnpíng, yīn'ér shēn shǒu yì
铲平，　　因而　　身　　首　　异
was leveled to the ground therefore body (and) head (in) different

| chù, | xíngtiān | yīnùzhīxià | biàn | shǒu | názhe | lì |
|---|---|---|---|---|---|---|
| 处， | 刑天 | 一怒之下 | 便 | 手 | 拿着 | 利 |
| places | Xingtian | in a fit of anger | then | in the hand | holding | sharp |

| fǔ, | shā | dào | tiāntíng | zhōngyāngde |
|---|---|---|---|---|
| 斧， | 杀 | 到 | 天庭 | 中央的 |
| axe | killed (his way) | until reaching | the Heaven | central |

| nántiānmén | wài, | zhǐmíng | yào | yǔ |
|---|---|---|---|---|
| 南天门 | 外， | 指名 | 要 | 与 |
| Southern Heavenly Gate | outside | mentioned by name | wanted | with |

| huángdì | dāntiāo | dú | dòu. |
|---|---|---|---|
| 黄帝 | 单挑 | 独 | 斗。 |
| Huang Emperor | one-on-one | alone | to battle |

| Zuìhòu | xíngtiān | bù | dí, | bèi | huángdì | zhǎn |
|---|---|---|---|---|---|---|
| 最后 | 刑天 | 不 | 敌， | 被 | 黄帝 | 斩 |
| in the end | Xingtian | not | rival / was no match | by | Huang Emperor | was beheaded |

| qù | tóulú. | Ér | méile | tóu | de | xíngtiān | bìng | méiyǒu |
|---|---|---|---|---|---|---|---|---|
| 去 | 头颅。 | 而 | 没了 | 头 | 的 | 刑天 | 并 | 没有 |
| -out- | head | Yet | without | head | that | Xingtian | at all | didn't |

| yīn | cǐ | sǐqù, | érshì | chóngxīn | zhànle | qǐlái, |
|---|---|---|---|---|---|---|
| 因 | 此 | 死去， | 而是 | 重新 | 站了 | 起来， |
| because of | this | die | but | again | stood | up |

| bìng | bǎ | xiōng | qián | de | liǎnggè | rǔtóu | dàngzuò |
|---|---|---|---|---|---|---|---|
| 并 | 把 | 胸 | 前 | 的 | 两个 | 乳头 | 当作 |
| what's more | took | chest | in front of | that | two | nipples | use as |

| yǎnjīng, | bǎ | dùqí | dàngzuò | zuǐbā; | zuǒshǒu | wò |
|---|---|---|---|---|---|---|
| 眼睛， | 把 | 肚脐 | 当作 | 嘴巴； | 左手 | 握 |
| eyes | took | belly button | as | mouth | left hand | held |

| dùn, | yòushǒu | ná | fǔ. | Yīnwèi | méile | tóulú, | suǒyǐ | tā |
|---|---|---|---|---|---|---|---|---|
| 盾， | 右手 | 拿 | 斧。 | 因为 | 没了 | 头颅， | 所以 | 他 |
| shield | right hand | seized | axe | because | lost | head | so | he |

| zhǐ | néng | yǒngyuǎn | de | yǔ | kànbùjiàn | de | dírén |
|---|---|---|---|---|---|---|---|
| 只 | 能 | 永远 | 地 | 与 | 看不见 | 的 | 敌人 |
| only | could | eternal | -ly | with | invisible | that | enemy |

| sīshā, | yǒngyuǎn | de | zhàndòu. | Ér | zài |
|---|---|---|---|---|---|
| 厮杀， | 永远 | 地 | 战斗。 | 而 | 在 |
| fight hand-to-hand | eternal | -ly | battled | However | in |

| táoyuānmíng | de | "dú | shānhǎijīng" | zhōng |
|---|---|---|---|---|
| 陶渊明 | 的 | 《读 | 山海经》 | 中 |
| Tao Yuanming | 's | Reading | Classic of Mountains and Seas | in |

| yǒu: | "Jīngwèi | xián | wēi | mù, | jiāng | yǐ | tián |
|---|---|---|---|---|---|---|---|
| 有： | "精卫 | 衔 | 微 | 木， | 将 | 以 | 填 |
| has | Jingwei | held in the mouth | small | wood | -to- | to | fill up |

| cāng | hǎi. | Xíngtiān | wǔ | gàn | qī, | měng |
|---|---|---|---|---|---|---|
| 沧 | 海。 | 刑天 | 舞 | 干 | 戚， | 猛 |
| dark blue | sea | Xingtian | brandished | Gan(shiel) | Qi(axe) | fierce |

| zhì | gù | cháng | zài. | Tóng | wù | jì |
|---|---|---|---|---|---|---|
| 志 | 固 | 常 | 在。 | 同 | 物 | 既 |
| persistence | certainly | always | at live | were the same | things | both |

wú     lù       huàqù      bùfù   huǐ.    Tú

无     虑,      化去     不复   悔。   徒

without   sorrow   turned into (monster)   not   regret   in vain

shè      zài   xī     xīn,   liáng   chén

设      在   昔     心,   良   辰

establish keep in mind (arch.)   in   the past   ambition   good   time

jù   kě   dài!"   Lái   zànsòng   xíngtiān   de   jīngshén.

讵   可   待!"   来   赞颂   刑天   的   精神。

how   can   await   to   praise   Xingtian   's   spirit

# 共工触天
## *Gonggong Knocks Heaven*

| Pángǔ | kāitiānpìdì | nǚwā | zào | rén | zhīhòu, |
|---|---|---|---|---|---|
| 盘古 | 开天辟地 | 女娲 | 造 | 人 | 之后， |
| Pangu | separated heaven and earth | Nüwa | created | humans | after |

| shuǐshén | gònggōng | yīxiàng | yǔ | huǒshén | zhùróng |
|---|---|---|---|---|---|
| 水神 | 共工 | 一向 | 与 | 火神 | 祝融 |
| God of Water | Gonggong | had always | with | God of Fire | Zhurong |

| bù | hé, | tā | xiàng | huǒshén | fādòng | jìngōng. |
|---|---|---|---|---|---|---|
| 不 | 合， | 他 | 向 | 火神 | 发动 | 进攻。 |
| not to combine / not get along | | he | towards | God of Fire | launched | an attack |

| Dāndāng | xiānfēng | de | dàjiàng | xiāngliǔ, | fúyóu, | měng |
|---|---|---|---|---|---|---|
| 担当 | 先锋 | 的 | 大将 | 相柳、 | 浮游， | 猛 |
| assumed | the vanguard (position in battle) | that | generals | Xiangliu | Fuyou | fiercely |

| pū | huǒshén | zhùróng | shì | jūzhù | de | guāngmíng |
|---|---|---|---|---|---|---|
| 扑 | 火神 | 祝融 | 氏 | 居住 | 的 | 光明 |
| threw at | God of Fire | Zhurong's | clan | lived in | where | Brightness |

| gōng, | bǎ | guāngmínggōng | sìzhōu | chángnián | bù |
|---|---|---|---|---|---|
| 宫， | 把 | 光明宫 | 四周 | 长年 | 不 |
| Palace | -took- | Palace of Brightness | all around | all year | not |

xī 熄 extinguishing
de 的 that
shénhuǒ 神火 sacred fire
nòng 弄 to make
mièle, 灭了， extinguished
dàdì 大地 the earth

dùnshí 顿时 at once
yīpiàn 一片 -a sheet of-
qīhēi. 漆黑。 darkness

Huǒshén 火神 God of Fire
zhùróng 祝融 Zhurong
jiàzhe 驾着 riding
biàn 遍 all
shēn 身 body
màozhe 冒着 emitting
liè 烈 roaring
yàn 焰 flames

de 的 that
huǒlóng 火龙 fire dragon
chūlái 出来 came out
yíng 迎 to meet
zhàn. 战。 battle
meet enemy head-on

Suǒ 所 where
dào 到 arrived
zhī 之 of
chù, 处， places
wherever he went
yúnwù 云雾 cloud and fog
kuòqīng, 廓清， cleared up
yǔshuǐ 雨水 rainwater

qí 齐 together
shōu; 收； stopped
hēi'àn 黑暗 darkness
qiāoqiāo 悄悄 quietly
tuìqù, 退去， receded
dàdì 大地 the ground
chóng 重 again

xiàn 现 appeared
guāngmíng. 光明。 brightness
Shuǐshén 水神 God of Water
gònggōng 共工 Gonggong

nǎo 恼 resented
xiū 羞 ashamed
chéng 成 became
nù, 怒， angry
flew into a rage from shame
mìnglìng 命令 commanded
xiāngliǔ 相柳 Xiangliu
hé 和 and

浮游 将 三江 五 海 的 水 汲
fúyóu jiāng sānjiāng wǔ hǎi de shuǐ jí
Fuyou -to take- three rivers five seas that water to draw (water)

上来, 往 祝融 他们 那里 倾 去。
shànglái, wǎng zhùróng tāmen nàlǐ qīng qù.
up toward Zhurong them and his men that place pour out

刹那间 长 空 中 浊 浪 飞 泻,
Chànàjiān cháng kōng zhōng zhuó làng fēi xiè,
in an instant vast sky in muddy waves to fly pour out

黑 涛 翻腾, 白云 被 淹没, 神火 又
hēi tāo fānténg, báiyún bèi yānmò, shénhuǒ yòu
dark big waves rolled clouds were drowned sacred fire again

被 浇 熄 了。 可是 大水 一 退,
bèi jiāo xī le. Kěshì dàshuǐ yī tuì,
was watered put out by water extinguished — However flood once receded

神火 又 烧了 起来, 加上 祝融 请来
shénhuǒ yòu shāole qǐlái, jiāshàng zhùróng qǐnglái
sacred fire again burn started to moreover Zhurong invited over

风神 帮忙, 风 助 火 威, 火
fēngshén bāngmáng, fēng zhù huǒ wēi, huǒ
God of Wind to help wind helped fire boost fire

乘 风 势, 炽炽烈烈 地 直
chéng fēng shì, chìchìlièliè de zhí
took advantage of wind's power burning fierce -ly straight

| pū | gònggōng. |
|---|---|
| 扑 | 共工。 |
| rushed to | Gonggong |

| Gònggōng | tāmen | xiǎng | liúzhù | dàshuǐ | lái | yù | huǒ, |
|---|---|---|---|---|---|---|---|
| 共工 | 他们 | 想 | 留住 | 大水 | 来 | 御 | 火, |
| Gonggong and his men | they | wanted to | keep | floods | to | put out | fire |

| kěshì | shuǐ | xiè | qiānlǐ, | nǎlǐ | liú | dé | zhù. |
|---|---|---|---|---|---|---|---|
| 可是 | 水 | 泻 | 千里, | 哪里 | 留 | 得 | 住。 |
| but | water | poured out | thousand li (1里 = .5km) | where how could | keep be able to | able to | stay contain |

| Huǒyàn | yòu | cháng | shé | bān | juǎn | lái, | gònggōng |
|---|---|---|---|---|---|---|---|
| 火焰 | 又 | 长 | 舌 | 般 | 卷 | 来, | 共工 |
| flame | again | long | tongue | similar to | rolled | over | Gonggong |

| tāmen | | bèi | | shāodé |
|---|---|---|---|---|
| 他们 | | 被 | | 烧得 |
| they and his men | | were | | burned so much that |

| jiāo | tóu | làn | é, | dōng | dǎo | xī |
|---|---|---|---|---|---|---|
| 焦 | 头 | 烂 | 额, | 东 | 倒 | 西 |
| scorched | head | rotted in a bad shape | forehead | (toward) east | fall | (toward) west |

| wāi. | Gònggōng | shuàilǐng | shuǐ | jūn | qiě | zhàn | qiě |
|---|---|---|---|---|---|---|---|
| 歪。 | 共工 | 率领 | 水 | 军 | 且 | 战 | 且 |
| slant | Gonggong | led | water | troops | both | fighting | and |

| tuì, | táo | huí | dàhǎi. | Tā | mǎn | yǐwéi | zhùróng |
|---|---|---|---|---|---|---|---|
| 退, | 逃 | 回 | 大海。 | 他 | 满 | 以为 | 祝融 |
| retreating | fled | back to | sea | he | entirely | thought (mistakenly) | Zhurong |

遇到 大水， 肯定 会 知 难 而 退。
met flood surely would aware of difficulty and retreat
retreat in the face of difficulty

因此 立 在 水 宫， 得意 起来。
therefore stood in Water Palace pleased with himself started to

不料 祝融 这 次 下了 必 胜 的
unexpectedly Zhurong this time made up certain victory of

决心， 他 全速 追击。 火龙
determination he at full speed pursued and attacked fire dragon

所 到 之 处， 海水 不由 滚滚 向
where went that places sea water couldn't control rolled in to

两旁 翻转， 让开了 一条 大路。 祝融
both sides turned over yielded a way Zhurong

直逼 水 宫， 水神 共工 他们
pressed up to Water Palace God of Water Gonggong they
and his men

只好 硬着 出来 迎 战。 代表
could only forcibly come out to meet battle represented
to fight head-on

guāngmíng de huǒshén zhùróng huòdéle quán shèng.
光明 的 火神 祝融 获得了 全 胜。
brightness that God of Fire Zhurong obtained completely victory

Fúyóu huóhuó qì sǐ, xiāngliǔ táozhīyāoyāo,
浮游 活活 气 死, 相柳 逃之夭夭,
Fuyou while alive angry to death Xiangliu escaped without a trace
completely

gònggōng xīn lì jiāo cuì, wúfǎ zài
共工 心 力 交 瘁, 无法 再
Gonggong mental strength mutually weary could not again
mentally and physically exhausted

zhàn, lángbèi de xiàng tiānbiān táo qù.
战, 狼狈 地 向 天边 逃 去。
battle in dire straits -ly- towards the horizon fled -to-

Gònggōng yīzhí táo dào bùzhōushān, huítóu
共工 一直 逃 到 不周山, 回头
Gonggong continuosly fled until Mount Buzhou turned his head

yī kàn, zhuī bīng yǐ jìn. Gònggōng yòu
一 看, 追 兵 已 近。 共工 又
one look pursuing troops already near Gonggong both

xiū yòu fèn, jiù yī tóu xiàng shānyāo
羞 又 愤, 就 一 头 向 山腰
ashamed and angry then one head toward mountainside
using his head ("mountain waist")

zhuàng qù, "huālālā" yīshēng jù xiǎng,
撞 去, "哗啦啦" 一声 巨 响,
rammed into sound of crashing one sound hugely sounded

bùzhōushān | jìng | gěi | gònggōng | zhuàng | zhé | le.
不周山 | 竟 | 给 | 共工 | 撞 | 折 | 了。
Mount Buzhou | unexpectedly | by | Gonggong | rammed | broken | —

Bùzhōushān | yī | dǎo, | dà | zāinàn | jiànglínle.
不周山 | 一 | 倒， | 大 | 灾难 | 降临了。
Mount Buzhou | as soon as | collapsed | great | disaster | descended

Yuánlái | buzhōushān | shì | gēn | chēng | tiān | de | dà
原来 | 不周山 | 是 | 根 | 撑 | 天 | 的 | 大
it turns out | Mount Buzhou | was | a | supporting | sky | that | big

zhù, | zhùzi | yī | duàn, | bànbiān | tiānkōng | jiù | tāntā
柱， | 柱子 | 一 | 断， | 半边 | 天空 | 就 | 坍塌
pillar | pillar | once | broken | half of | the sky | then | collapsed

xiàlái, | lùchū | shí | gǔ | línxúnde | dà | kūlóng, | dùnshí
下来， | 露出 | 石 | 骨 | 嶙峋的 | 大 | 窟窿， | 顿时
down | revealed | stone | bone | rocky | big | hole | immediately

tiānhé | qīngxiè, | hóngshuǐ | fànlàn.
天河 | 倾泻， | 洪水 | 泛滥。
Heavenly River | cascaded | flood | overflowed

Zhùmíngde | "shuǐhuǒ | bù | xiāng | róng"
著名的 | "水火 | 不 | 相 | 容"
famous | water and fire | not | with each other | compatible

diǎngù | jí | yuán | yú | zhè | chǎng | dàzhàn.
典故 | 即 | 源 | 于 | 这 | 场 | 大战。
classic story | exactly | comes | from | this | -for battles- | great war

后来　才　有了　女娲　炼　五　彩　石
Hòulái　cái　yǒule　nǚwā　liàn　wǔ　cǎi　shí
later　wasn't until　had　Nüwa　smelts　five　-colored　stones

补　天　的　事迹，　大地　重　回　正常。
bǔ　tiān　de　shìjì,　dàdì　chóng　huí　zhèngcháng.
to mend　sky　of　deed　the ground　again　back to　normal

# 女娲补天
## *Nüwa Patches the Sky*

| | | | | | | | |
|---|---|---|---|---|---|---|---|
| Yīnwèi | zài | gònggōng | yǔ | zhùróng | de | dàzhàn | zhōng, |
| 因为 | 在 | 共工 | 与 | 祝融 | 的 | 大战 | 中, |
| Due to | in | Gonggong | and | Zhurong | 's | great war | -in- |

| | | | | | | |
|---|---|---|---|---|---|---|
| gònggōng | bǎ | chēng | tiān | de | zhùzi | bùzhōushān |
| 共工 | 把 | 撑 | 天 | 的 | 柱子 | 不周山 |
| Gonggong | -took- | supported | sky | that | pillars | Buzhou Mountains |

| | | | | | | | | |
|---|---|---|---|---|---|---|---|---|
| zhuàng | dǎo | le, | tiān | tā | xià | bàn | biān | lái, |
| 撞 | 倒 | 了, | 天 | 塌 | 下 | 半 | 边 | 来, |
| knocked | down | — | sky | collapsed | down | half | side | -came-one |

| | | | | | | | |
|---|---|---|---|---|---|---|---|
| zále | hěnduō | kūlóng, | bǎ | dì | yě | zálièle, |
| 砸了 | 很多 | 窟窿, | 把 | 地 | 也 | 砸裂了, |
| smashed | many | holes | -took- | ground | also | cracked |

| | | | | | | | |
|---|---|---|---|---|---|---|---|
| dìshàng | de | hóngshuǐ | jí | tiānhé | de | shuǐ |
| 地上 | 的 | 洪水 | 及 | 天河 | 的 | 水 |
| (on) ground | that | flood | and | Heavenly River | 's | water |

| | | | | | | |
|---|---|---|---|---|---|---|
| bùtíng | de | lòu | xiàlái, | zàochéng | dàdì | shàng |
| 不停 | 地 | 漏 | 下来, | 造成 | 大地 | 上 |
| unstopping | -ly | leaked | down | causing | ground | on |

| | | | | | | | |
|---|---|---|---|---|---|---|---|
| shuǐ | huàn. | Tiān | pò | zhīhòu, | bùduàn | de | yǒu |
| 水 | 患。 | 天 | 破 | 之后, | 不断 | 地 | 有 |
| water | disaster floods | sky | broke | after | unceasing | -ly | there were |

| yǔnshí | hé | tiānhuǒ | cóng | pòkāi | de | tiān | dòng |
|---|---|---|---|---|---|---|---|
| 陨石 | 和 | 天火 | 从 | 破开 | 的 | 天 | 洞 |
| meteorites | and | natural fires (e.g. from lightning) | from | split | that | sky | hole |

| zhōng | luòxià, | dàdì | shàng | de | rénlèi | bùshì | bèi |
|---|---|---|---|---|---|---|---|
| 中 | 落下， | 大地 | 上 | 的 | 人类 | 不是 | 被 |
| -in- | fell dow | the ground | on | that | humanity | (if) not were | by humans |

| yǔnshí | zá | sǐ | jiùshì | bèi | dàhuǒ | shāo, | miànlínzhe |
|---|---|---|---|---|---|---|---|
| 陨石 | 砸 | 死 | 就是 | 被 | 大火 | 烧， | 面临着 |
| meteorites | hit | to death | then were | by | big fire | burnt | confronted |

| jùdàde | shēngcún | wēijī. |
|---|---|---|
| 巨大的 | 生存 | 危机。 |
| huge | survival | crisis |

| Nǚwā | kàndào | rénlèi | dōng | duǒ | xī | cáng, |
|---|---|---|---|---|---|---|
| 女娲 | 看到 | 人类 | 东 | 躲 | 西 | 藏， |
| Nüwa | saw | humanity | (in the) east | dodging | (in the) west | hiding fleeing left and right |

| wú | chù | róngshēn | de | cǎn | xiàng, | xīn | zhōng |
|---|---|---|---|---|---|---|---|
| 无 | 处 | 容身 | 的 | 惨 | 象， | 心 | 中 |
| no | place | to shelter | — | miserable | phenomenon | heart | in |

| shífēn | tòngxī. | Tā | biàn | biànlì | qiánkūn, |
|---|---|---|---|---|---|
| 十分 | 痛惜。 | 她 | 便 | 遍历 | 乾坤， |
| extremely | lamented | she | then | traversed through | the universe |

| wèile | jiějiù | shēnglíng, | juédìng | cǎi | shí | bǔ |
|---|---|---|---|---|---|---|
| 为了 | 解救 | 生灵， | 决定 | 采 | 石 | 补 |
| in order to | save | living creatures | decided to | extract | stone | mend |

| tiān, | yòng | wǔ | sè | shí | bǎ | tiān | bǔ |
|---|---|---|---|---|---|---|---|
| 天, | 用 | 五 | 色 | 石 | 把 | 天 | 补 |
| sky | using | five | -colored | stone | took | sky | (and) patched it |

| qǐlái, | zài | yòng | dōnghǎi | shén | guī | de | sìzhī | jiǎo |
|---|---|---|---|---|---|---|---|---|
| 起来, | 再 | 用 | 东海 | 神 | 龟 | 的 | 四只 | 脚 |
| up | then | used | Eastern Sea | mythical | turtle | 's | four | legs |

| dǐngzhù | cāngtiān. | Nǚwā | zhǎolái | wǔ | sè | shí |
|---|---|---|---|---|---|---|
| 顶住 | 苍天。 | 女娲 | 找来 | 五 | 色 | 石 |
| to sustain | heaven (the firmament) | Nüwa | found -up- | five | -colored | stones |

| kuài | liàn | chū | wǔcǎi | jīng | shí, | bǎ | yǐ |
|---|---|---|---|---|---|---|---|
| 块 | 炼 | 出 | 五彩 | 晶 | 石, | 把 | 已 |
| -chunks- | refined | -out- | five-colored | crystal | stone | -took- | already |

| suì | de | xiàng | yúwǎng | shìde | tiān | yī | diǎndiǎn | de | bǔle |
|---|---|---|---|---|---|---|---|---|---|
| 碎 | 的 | 像 | 渔网 | 似的 | 天 | 一 | 点点 | 的 | 补了 |
| crushed | that | like | fishnet | as if | sky | a | little bit | — | mended |

| qǐlái, | yǎnkànzhe | bǔ | tiān | de | dàgōng | jiùyào |
|---|---|---|---|---|---|---|
| 起来, | 眼看着 | 补 | 天 | 的 | 大功 | 就要 |
| up | seeing | repairing | sky | of | great task | about to |

| gàochéng, | dàn | xiǎngbudào | wǔ | sè | jīng | shí |
|---|---|---|---|---|---|---|
| 告成, | 但 | 想不到 | 五 | 色 | 晶 | 石 |
| be accomplished (some great task) | yet | never thought | five | -colored | crystal | stone |

| yòng | wán | shí, | què | fāxiàn | wǔ | sè | shí | bù |
|---|---|---|---|---|---|---|---|---|
| 用 | 完 | 时, | 却 | 发现 | 五 | 色 | 石 | 不 |
| used | up | time when | however | found out | five | -colored | stones | not |

够 用， 破碎的 苍天 还 没 补
gòu yòng, pòsuìde cāngtiān hái méi bǔ
enough -to use- broken to pieces sky still not fix

好。 天上 还 有 一个 大大的 窟窿，
hǎo. Tiānshàng hái yǒu yīgè dàdàde kūlóng,
completely in the sky still there was a big hole

只要 还 有 破 洞， 天 就 随时 会
zhǐyào hái yǒu pò dòng, tiān jiù suíshí huì
as long as still had broken hole sky then any time would

继续 崩裂， 那样 的话， 过去 的 工作
jìxù bēngliè, nàyàng dehuà, guòqù de gōngzuò
continue burst apart that way if the past — work

就 白 做了， 而 万物 亦 从此
jiù bái zuòle, ér wànwù yì cóngcǐ
then in vain did what's more all creatures also since then

永远地 生活 在 这 已 如同 炼狱 的
yǒngyuǎnde shēnghuó zài zhè yǐ rútóng liànyù de
forever live in this already like hell that

大地 之上， 女娲 痛苦 地 思考了 很久 之后，
dàdì zhīshàng, nǚwā tòngkǔ de sīkǎole hěnjiǔ zhīhòu,
ground on Nüwa painful -ly pondered very long after

只好 牺牲 自己的 生命， 所有的 泥
zhǐhǎo xīshēng zìjǐde shēngmìng, suǒyǒude ní
only choice was to sacrifice her own life all mud

wáwámen dōu kū hóngle yǎnjīng.
娃娃们 都 哭 红了 眼睛。
dolls all cried (until) red eyes

Jīngguò jǐ cì nǔlì, nǚwā yòng zìjǐde shēntǐ,
经过 几 次 努力， 女娲 用 自己的 身体，
after several times great efforts Nüwa used her own body

tiánbǔ hǎole tiānshàng zuìhòude dàdòng, zōngyú
填补 好了 天上 最后的 大洞， 终于
filled completely on the sky last big hole finally

bǔhǎole tiān, tiāndì jiān huīfùle níngjìng,
补好了 天， 天地 间 恢复了 宁静，
mended up sky sky and heaven between recovered tranquility

hái chūxiànle wǔcǎide yúnxiá hé cǎihóng. Yīqiè
还 出现了 五彩的 云霞 和 彩虹。 一切
and even appeared five-colored rosy clouds and rainbow all

shēngwù yòu dōu shēngjībóbóde huó zài dàdìshàng.
生物 又 都 生机勃勃地 活 在 大地上。
living things again all full of vitality lived on the earth

# 仓颉造字
## *Cangjie Creates Characters*

Xiāngchuán 相传 — legend has it that
cāngjié 仓颉 — Cangjie
zài 在 — -at-
huángdì 黄帝 — Huang Emperor

shǒuxià 手下 — under the leadership of
dāng 当 — served as
guān. 官。 — an official
Huángdì 黄帝 — Huang Emperor

fēnpài 分派 — assigned to
tā 他 — him
zhuānmén 专门 — specially
guǎnlǐ 管理 — to manage
quān 圈 — enclosure
lǐ 里 — inside

shēngkǒu 牲口 — livestock (for plowing/labor)
de 的 — 's
shùmù, 数目、 — number
tún 屯 — village
lǐ 里 — in
shíwù 食物 — food
de 的 — 's
duōshǎo. 多少。 — amount
Kě 可 — but

mànmàn 慢慢 — slow
de, 地, — -ly
shēngkǒu, 牲口、 — livestock
shíwù 食物 — food
de 的 — 's
chúcáng 储藏 — preservation
zài 在 — was
zhújiàn 逐渐 — gradually

zēngjiā, 增加、 — increasing
biànhuà, 变化, — changing
guāng 光 — only
píng 凭 — relying on
nǎodai 脑袋 — (his) head

jìbùzhù 记不住 — couldn't remember
le. 了。 — anymore
Cāngjié 仓颉 — Cangjie
fànnán 犯难 — to felt embarrassed
le. 了。 — —

仓颉 整 日 整 夜 地 想 办法， 先是
Cāngjié zhěng rì zhěng yè de xiǎng bànfǎ, xiānshì
Cangjie whole day whole night -ly- thought of a way firstly

在 绳子 上 打 结， 用 各 种 不同 颜色
zài shéngzi shàng dǎ jié, yòng gè zhǒng bùtóng yánsè
on rope -on- hit knot using all kinds of different colors
tied

的 绳子， 表示 各 种 不同的 牲口。 但
de shéngzi, biǎoshì gè zhǒng bùtóngde shēngkǒu. Dàn
of rope to indicate all kinds of different livestock But

时间 一 长久， 就 不 奏效 了。 这
shíjiān yī chángjiǔ, jiù bù zòuxiào le. Zhè
time once long then not effective anymore this
as time went on

增加 的 数目 在 绳子 上 打 个 结 很
zēngjiā de shùmù zài shéngzi shàng dǎ gè jié hěn
increased -that- number on rope -on- hit a knot very
tie

方便， 而 减少 数目 时， 在 绳子 上
fāngbiàn, ér jiǎnshǎo shùmù shí, zài shéngzi shàng
convenient but reducing (a) number time on rope -on-
when

解 个 结 就 麻烦 了。 仓颉 又 想到了
jiě gè jié jiù máfán le. Cāngjié yòu xiǎngdàole
untie a knot then bothersome — Cangjie again thought of

在 绳子 上 打 圈圈， 在 圈子 里
zài shéngzi shàng dǎ quānquān, zài quānzi lǐ
on rope -on- making circles in rings -inside-

| guàshàng | gè | shì | gè | yàng | de | bèiké, | lái | dàitì | tā |
|---|---|---|---|---|---|---|---|---|---|
| 挂上 | 各 | 式 | 各 | 样 | 的 | 贝壳， | 来 | 代替 | 他 |
| hang | every | style | every | look | of | shells | to | replace | he |
|  |  | all sorts of |  |  |  |  |  |  |  |

| suǒ | guǎn | de | dōngxī. | Zēngjiāle | jiù | tiān | yīgè |
|---|---|---|---|---|---|---|---|
| 所 | 管 | 的 | 东西。 | 增加了 | 就 | 添 | 一个 |
| — | managed | that | things | (when) increased | just | add | one |

| bèiké, | jiǎnshǎole | jiù | qùdiào | yīgè | bèiké. | Zhè |
|---|---|---|---|---|---|---|
| 贝壳， | 减少了 | 就 | 去掉 | 一个 | 贝壳。 | 这 |
| shell | (when) reduced | just | get rid of | one | shell | this |

| fǎzi | hěn | guǎnyòng, | yīlián | yòngle | hǎojǐ | nián. |
|---|---|---|---|---|---|---|
| 法子 | 很 | 管用， | 一连 | 用了 | 好几 | 年。 |
| method | very | effective | in succession | used | quite a few | years |

| Huángdì | jiàn | cāngjié | zhèyàng | nénggàn, | jiào | tā | guǎn |
|---|---|---|---|---|---|---|---|
| 黄帝 | 见 | 仓颉 | 这样 | 能干， | 叫 | 他 | 管 |
| Huang Emperor | saw | Cangjie | so | capable | had | him | manage |

| de | shìqíng | yù | lái | yù | duō, | nián | nián | jìsì |
|---|---|---|---|---|---|---|---|---|
| 的 | 事情 | 愈 | 来 | 愈 | 多， | 年 | 年 | 祭祀 |
| that | things | more | come | more | many | year | (after) year | sacrifice |
|  |  | more and more |  |  |  |  |  |  |

| de | cìshù, | měi | huí | shòuliè | de | fēnpèi, | bùluò |
|---|---|---|---|---|---|---|---|
| 的 | 次数， | 每 | 回 | 狩猎 | 的 | 分配， | 部落 |
| 's | number of times | every | time | hunting | of | distribution | tribe |

| réndīng | de | zēng | jiǎn, | yě | tǒngtǒng | jiào | cāngjié |
|---|---|---|---|---|---|---|---|
| 人丁 | 的 | 增 | 减， | 也 | 统统 | 叫 | 仓颉 |
| population | 's | increase | decrease | also | all of them | had | Cangjie |
|  |  | fluctuation |  |  |  |  |  |

| guǎn. | Cāngjié | yòu | fànchóu | le, | píngzhe | tiān |
|---|---|---|---|---|---|---|
| 管。 | 仓颉 | 又 | 犯愁 | 了, | 凭着 | 添 |
| manage | Cangjie | again | worried | — | depending on | adding |

| shéngzi, | guà | bèiké | yǐ | bù | dǐshì | le. |
|---|---|---|---|---|---|---|
| 绳子、 | 挂 | 贝壳 | 已 | 不 | 抵事 | 了。 |
| rope | hanging | shells | already | not | of much help | anymore |

| Zěnme | cái | néng | bù | chū | chācuò | ne? |
|---|---|---|---|---|---|---|
| 怎么 | 才 | 能 | 不 | 出 | 差错 | 呢? |
| How what to do | -unless- | be able to | not | appear (make) | mistakes | — |

| Zhè | tiān, | tā | cānjiā | jítǐ | shòuliè, | zǒu | dào | yígè |
|---|---|---|---|---|---|---|---|---|
| 这 | 天, | 他 | 参加 | 集体 | 狩猎, | 走 | 到 | 一个 |
| this | day | he | took part in | collective | hunting | went | up to | a |

| sān | chàlùkǒu | shí, | jǐgè | lǎorén | wèi | wǎng | nǎ |
|---|---|---|---|---|---|---|---|
| 三 | 岔路口 | 时, | 几个 | 老人 | 为 | 往 | 哪 |
| three | forked road | time when | several | old men | about | toward | which |

| tiáo | lù | zǒu | zhēngbiàn | qǐlái. | Yígè | lǎorén |
|---|---|---|---|---|---|---|
| 条 | 路 | 走 | 争辩 | 起来。 | 一个 | 老人 |
| -for roads- | road | to go | argue | started to | one | old man |

| jiānchí | yào | wǎng | dōng, | shuō | yǒu | língyáng; | yígè |
|---|---|---|---|---|---|---|---|
| 坚持 | 要 | 往 | 东, | 说 | 有 | 羚羊; | 一个 |
| insisted | should | toward | east | saying | there were | antelopes | one |

| lǎorén | yào | wǎng | běi, | shuō | qiánmiàn | bù | yuǎn |
|---|---|---|---|---|---|---|---|
| 老人 | 要 | 往 | 北, | 说 | 前面 | 不 | 远 |
| old man | wanted to | toward | north | saying | ahead | not | far away |

可以　追到　鹿　群；　一个　老人　偏要
kěyǐ zhuīdào lù qún; yīgè lǎorén piānyào
could catch up with deer herds one old man insisted on

往　西，　说　有　两只　老虎，　不　及时
wǎng xī, shuō yǒu liǎngzhī lǎohǔ, bù jíshí
toward west saying there were two tigers (if) not in time

打　死，　就　会　错过了　机会。　仓颉　一
dǎ sǐ, jiù huì cuòguòle jīhuì. Cāngjié yī
beat to death then would miss opportunity Cangjie once

问，　原来　他们　都　是　看着
wèn, yuánlái tāmen dōu shì kànzhe
(he) asked it turns out that they all were looking at

地下　野兽　的　脚印　才
dìxià yěshòu de jiǎoyìn cái
on the ground beasts 's footprints then
(not until ... did they)

认定　的。　仓颉　心　中　猛然　一
rèndìng de. Cāngjié xīn zhōng měngrán yī
made up their mind — Cangjie heart in abruptly -one-

喜：　既然　一个　脚印　代表　一　种　野兽，
xǐ: Jìrán yīgè jiǎoyìn dàibiǎo yī zhǒng yěshòu,
pleased since one footprint represented one kind beast

我　为什么　不能　用　一　种　符号　来　表示　我
wǒ wèishéme bùnéng yòng yī zhǒng fúhào lái biǎoshì wǒ
I why can't use one type of symbol to indicate I

suǒ guǎn de dōngxī ne? Tā gāoxìngde bátuǐ
所 管 的 东西 呢? 他 高兴地 拔腿
— manage -that- things — he with delight took to his heels

bēn huí jiā, kāishǐ chuàngzào gè zhǒng fúhào lái
奔 回 家, 开始 创造 各 种 符号 来
to run back home began to create all kinds of signs to

biǎoshì shìwù. Guǒrán, bǎ shìqíng guǎnlǐ dé
表示 事物。 果然, 把 事情 管理 得
represent things As expected -took- matters managed —

jǐngjǐngyǒutiáo.
井井有条。
methodically

Huángdì zhīdào hòu, dàjiā zànshǎng, mìnglìng
黄帝 知道 后, 大加 赞赏, 命令
Huang Emperor knew after greatly praised ordered
found out

cāngjié dào gègè bùluò qù chuánshòu zhè zhǒng fāngfǎ.
仓颉 到 各个 部落 去 传授 这 种 方法。
Cangjie to every tribe to go pass on this sort of method

Jiànjiàn de, zhèxiē fúhào de yòngfǎ, quán tuīguǎng
渐渐 地, 这些 符号 的 用法, 全 推广
gradual -ly these symbols 's usage totally popularized

kāi le. Jiù zhèyàng xíngchéngle wénzì.
开 了。 就 这样 形成了 文字。
open — then like this were formed written characters
all around

仓颉 造了 字， 黄帝 十分

Cāngjié zàole zì, huángdì shífēn

Cangjie created characters Huang Emperor extremely

器重 他， 人人 都 称赞 他， 他的

qìzhòng tā, rénrén dōu chēngzàn tā, tāde

thought highly of him everyone all admired him his

名声 越 来 越大。 仓颉 头脑 就 有

míngshēng yuè lái yuèdà. Cāngjié tóunǎo jiù yǒu

reputation more -come-and more big Cangjie head then had got

点 发热 了， 眼睛 慢慢 向上 移， 移

diǎn fārè le, yǎnjīng mànmàn xiàngshàng yí, yí

a little feverish — eyes slowly upward moved moved

到 头顶 去了， 什么 人 也 看不起，

dào tóudǐng qùle, shénme rén yě kànbùqǐ,

until overhead went any person also looked down upon all people

造 的 字 也 马虎 起来。

zào de zì yě mǎhu qǐlái.

created that characters also careless began to

这 话 传到 黄帝 耳朵 里，

Zhè huà chuándào huángdì ěrduo lǐ,

this word passed on to Huang Emperor ears inside

黄帝 很 恼火。 他 眼 里 容 不得

huángdì hěn nǎohuǒ. Tā yǎn lǐ róng bùdé

Huang Emperor very annoyed His eyes in tolerate could not

yīgè 一个 a
chénzǐ 臣子 official
biàn 变 became
huài. 坏。 bad
Zěnme 怎么 how
jiào 叫 to make
cāngjié 仓颉 Cangjie
rènshì 认识 recognize

dào 到 able to
zìjǐde 自己的 his own
cuòwù 错误 mistakes
ne? 呢? —
Huángdì 黄帝 Huang Emperor
zhàoláile 召来了 summoned

shēnbiān 身边 at his side
zuì 最 the most
niánzhǎngde 年长的 senior
lǎorén 老人 old man
shāngliáng. 商量。 discuss
Zhè 这 this

lǎorén 老人 old man
chángchángde 长长的 very long
húzi 胡子 beard
shàng 上 on
dǎle 打了 tied
yībǎi 一百 hundred
èrshí 二十 twenty

duōgè 多个 more than
jié, 结, knots
biǎoshì 表示 indicating
tā 他 he
yǐ 已 already
shì 是 was
yībǎi 一百 one hundred
èrshí 二十 twenty

duō 多 more than
suì 岁 years old
de 的 that
rén 人 person
le. 了。 —
Lǎorén 老人 old man
chényínle 沉吟了 murmured
yī 一 a

huǐ, 会, while
dúzì 独自 alone
qù 去 went
zhǎo 找 to find
cāngjié 仓颉 Cangjie
le. 了。 —

Cāngjié 仓颉 Cangjie
zhèngzài 正在 was in the middle of
jiāo 教 teaching
gègè 各个 each
bùluò 部落 tribes
de 的 's
rén 人 people

shìzì,
识字，
to recognize characters
to learn to read

lǎorén
老人
old man

mòmòde
默默地
silently

zuò
坐
sat

zài
在
at

zuìhòu,
最后，
the end

hé
和
like

biérén
别人
the others

yīyàng
一样
the same

rènzhēn
认真
careful

de
地
-ly

tīngzhe.
听着。
listening

Cāngjié
仓颉
Cangjie

jiǎng
讲
talking

wán,
完，
finished

biérén
别人
the others

dōu
都
all

sànqùle,
散去了，
disbanded

wéidú
唯独
only

zhè
这
this

lǎorén
老人
old man

bù
不
not

zǒu,
走，
leave

hái
还
still

zuò
坐
sat

zài
在
at

lǎo
老
old

dìfāng.
地方。
place
the same

Cāngjié
仓颉
Cangjie

yǒudiǎn
有点
somewhat

hàoqí,
好奇，
curious

shàngqián
上前
went forward

wèn
问
asked

tā
他
him

wèishéme
为什么
why

bù
不
not

zǒu.
走。
leave

Lǎorén
老人
old man

shuō:
说：
said

"Cāngjié
"仓颉
Cangjie

a,
啊，
—

nǐ
你
you

zào
造
built

de
的
that

zì
字
words

yǐjīng
已经
already

jiāyùhùxiǎo,
家喻户晓，
known to all

kě
可
but

wǒ
我
I'm

rénlǎo
人老
old

yǎn
眼
eye

huā,
花，
messy
have blurred vision

yǒu
有
there are

jǐgè
几个
a few

zì
字
characters

zhìjīn
至今
until now

hái
还
still

hútúzhe
糊涂着
confused

ne,
呢，
—

nǐ
你
you

kěnbùkěn
肯不肯
wiling or not

zài
再
again

| jiāo | jiāo | wǒ?" |
|------|------|------|
| 教 | 教 | 我？" |
| to teach | -to teach- | me |

| Cāngjié | kàn | zhème | dà | niánjìde | lǎorén, | dōu | zhèyàng |
|---------|-----|-------|-----|----------|---------|-----|---------|
| 仓颉 | 看 | 这么 | 大 | 年纪的 | 老人， | 都 | 这样 |
| Cangjie | saw | such | old | aged | old man | even | this way |

| zūnzhòng | tā, | hěn | gāoxìng, | cuī | tā | kuài | shuō. |
|----------|-----|-----|----------|-----|-----|------|-------|
| 尊重 | 他， | 很 | 高兴， | 催 | 他 | 快 | 说。 |
| respected | him | very | glad | urged | him | quickly | to speak |

| Lǎorén | shuō: | "Nǐ | zào | de | 'mǎ' | zì, | 'lǘ' |
|--------|-------|-----|-----|-----|------|-----|------|
| 老人 | 说： | "你 | 造 | 的 | '马' | 字， | '驴' |
| old man | said | you | built | that | 'horse'<br>(trad: 馬) | character | 'donkey'<br>(trad: 驢) |

| zì, | 'luó' | zì, | dōu | yǒu | sìtiáo | tuǐ | ba?, | Ér |
|-----|-------|-----|-----|-----|--------|-----|------|-----|
| 字， | '骡' | 字， | 都 | 有 | 四条 | 腿 | 吧？， | 而 |
| character | 'mule'<br>(trad: 騾) | character | all | have | four | legs | right? | yet |

| niú | yě | yǒu | sìtiáo | tuǐ, | nǐ | zào | chūlái | de | 'niú' |
|-----|-----|-----|--------|------|-----|-----|--------|-----|-------|
| 牛 | 也 | 有 | 四条 | 腿， | 你 | 造 | 出来 | 的 | '牛' |
| cows | also | have | four | legs | you | created | -out- | that | 'cow' |

| zì | zěnme | méiyǒu | sìtiáo | tuǐ, | zhǐ | shèngxià | yītiáo |
|-----|-------|--------|--------|------|-----|----------|--------|
| 字 | 怎么 | 没有 | 四条 | 腿， | 只 | 剩下 | 一条 |
| character | why | not have | four | legs | only | left | one |

| wěibā | ne?" |
|-------|------|
| 尾巴 | 呢？" |
| tail | — |

Cāngjié yī tīng, xīn li yǒudiǎn huāngle: Zìjǐ
仓颉 一 听, 心 里 有点 慌了: 自己
Cangjie / as soon as / heard / heart / in / somewhat / panic / himself

yuánxiān zào "yú" zì shí, shì xiě chéng
原先 造 "鱼" 字 时, 是 写 成
at first / created / 'fish' (trad: 魚) / character / time when / was / wrote / as

"niú" yàng de, zào "niú" zì shí, shì xiě chéng
"牛" 样 的, 造 "牛" 字 时, 是 写 成
'cow' / shape / — / built / 'cow' / character / time when / was / wrote / as

"yú" yàng de. Dōu guài zìjǐ cūxīndàyì,
"鱼" 样 的。 都 怪 自己 粗心大意,
'fish' (trad: 魚) / shape / — / all / blamed was the fault of / his / carelessness

jìngrán jiāo diāndǎo le.
竟然 教 颠倒 了。
unexpectedly / taught / backwards / —

Lǎorén jiēzhe yòu shuō: "Nǐ zào de 'zhòng'
老人 接着 又 说: "你 造 的 '重'
old man / continued / again / saying / you / created / that / heavy

zì, shì shuō yǒu qiānlǐ zhī yuǎn,
字, 是 说 有 千里 之 远,
character / is / to mean / there is / thousand li (重 = 千 on top of 里) / of / far distance

yīnggāi niàn chū yuǎn mén de 'chū'
应该 念 出 远 门 的 '出'
should / read as / go out (to) / far away door place far away from home / 's / 'chu' (go out)

字，而你却教人念成重量
zì, ér nǐ què jiāo rén niàn chéng zhòngliàng
character but you however teach people read as weight

的‘重’字。反过来，两座山
de 'zhòng' zì. Fǎnguòlái, liǎng zuò shān
's 'zhong' character conversely two -for mountains- mountains
(heavy)

合在一起的‘出’字，本该为
hézài yīqǐ de 'chū' zì, běngāi wéi
combined together that 'chu' character should have been as
(go out)

重量的‘重’字，你倒教
zhòngliàng de 'zhòng' zì, nǐ dào jiāo
'weight' 's 'zhong' character you on the contrary taught
(heavy)

成了出远门的‘出’字。
chéng le chū yuǎnmén de 'chū' zì.
as — go out (to) distant place from home of 'chu' character
(go out)

这几个字真叫我难以琢磨，
Zhè jǐgè zì zhēn jiào wǒ nányǐ zhuómó,
these several characters really make me hard to ponder

只好来请教你了。”
zhǐhǎo lái qǐngjiào nǐ le."
no choice but to come consult with you —

这时仓颉羞得
Zhè shí cāngjié xiū de
this time Cangjie ashamed to the point

无 地 自 容, 深 知 自 己 因为
no ground self to contain deeply knew himself because of
nowhere to hide shame he

骄傲 铸成了 大 错。 这些 字 已经
pride forged big mistakes these characters already

教 给 各个 部落, 传 遍 了
taught to every tribe had passed all through —

天下, 改 都 改不了。 他
all over the world corrected even (if) unable to correct he

连忙 跪 下, 痛哭 流涕地 表示
immediately knelt down cried bitterly shedding tears to express

忏悔。
penitence

老人 拉着 仓颉 的 手, 诚挚 地 说: "仓颉
old man held Cangjie 's hand sincere -ly said Cangjie

啊, 你 创造了 字, 使 我们 老
— you created characters made we old

下去, 你 做了 件 大 好事,
xiàqù, nǐ zuòle jiàn dà hǎoshì,
on you have done a big good deed

世世代代 的 人 都会 记住 你
shìshìdàidài de rén dūhuì jìzhù nǐ
generation after generation of people all will remember you

的。 你 可 不能 骄傲 自大 啊！"
de. Nǐ kě bùnéng jiāo'ào zìdà a!"
— you but cannot be proud arrogant —

从此 以后, 仓颉 每 造 一个 字,
Cóngcǐ yǐhòu, cāngjié měi zào yīgè zì,
since then Cangjie every time created a character

总 要 将 字 义 反复 推敲,
zǒng yào jiāng zì yì fǎnfù tuīqiāo,
always must -take- character meaning again and again deliberate

还 拿 去 征求 人们 的 意见, 一点 也 不
hái ná qù zhēngqiú rénmen de yìjiàn, yīdiǎn yě bù
even took to ask for people 's opinion a little also not
not even

敢 粗心。 大家 都 说 好, 才 定
gǎn cūxīn. Dàjiā dōu shuō hǎo, cái dìng
dared to be careless everybody all said good only then fixed
OK

下来, 然后 逐渐 传 到 每个 部落 去。
xiàlái, ránhòu zhújiàn chuán dào měigè bùluò qù.
-down- afterwards gradually spread to every tribe -went-

# 吴刚伐桂
## *Wu Gang Chops the Bay Tree*

因为 月亮 表面 上 凹凸 不平, 当 太阳
Yīnwèi yuèliàng biǎomiàn shàng āotū bùpíng, dāng tàiyáng
because moon surface on bumpy not flat when sun

照射 就 会 形成 阴影。 在 古代
zhàoshè jiù huì xíngchéng yīnyǐng. Zài gǔdài
shining on (it) then would be formed shadows in ancient times

科技 不 发达, 人们 在 看
kējì bù fādá, rénmen zài kàn
science and technology not developed people at looked at

月亮 上 的 阴影 时, 觉得 很 像 一
yuèliàng shàng de yīnyǐng shí, juédé hěn xiàng yī
moon on of shadows time thought very similar to a
            when

棵 大 树, 树 底下 有 个 人,
kē dà shù, shù dǐxià yǒu gè rén,
-for plants- big tree tree under there was a person

看 起来 好像 在 砍 树, 这 就是
kàn qǐlái hǎoxiàng zài kǎn shù, zhè jiùshì
see up as if in cutting tree this was
looked like (the process of)

zhōngqiū 中秋 Mid-Autumn Festival　sān 三 three　dà 大 great　chuánshuō 传说 legends　zhī 之 of　yī 一 one　de 的 's (one of)

wúgāng 吴刚 Wu Gang　fá 伐 chops down　guì. 桂。 bay tree

Xiāngchuán 相传 legend has it that　zài 在 -in-　hěnjiǔ 很久 very long　hěnjiǔ 很久 very long　yǐqián, 以前， before (ago)　yǒu 有 there was　gè 个 a

rén 人 person　jiào 叫 called　wúgāng, 吴刚， Wu Gang　xīhé 西河 Xihe　rén. 人。 person "Xihenese"　Tā 他 His　shēntǐ 身体 body　qiángzhuàng, 强壮， robust

shēngyīn 声音 voice　hóngliàng, 洪亮， loud and clear　érqiě 而且 furthermore　tóunǎo 头脑 brains　cōngmíng, 聪明， intelligent　xué 学 learn

dōngxī 东西 things　hěn 很 very　kuài, 快， quick　dànshì 但是 but　quēfá 缺乏 lack　nàixìng, 耐性， patience　zuò 做 (when) doing　shìqíng 事情 things

sān 三 three　fēnzhōng 分钟 minutes　rèdù, 热度， heat (short-lived enthusiasm)　méiyǒu 没有 there was not　yī 一 one

jiàn 件 -for matters-　shì 事 thing　zuò 做 did　dé 得 -after verbs-　hǎo. 好。 well　Tā 他 he　zǒng 总 always　xiǎng 想 wished to

寻找 一 种 既 不 费劲 又 前途
xúnzhǎo yī zhǒng jì bù fèijìng yòu qiántú
search for a kind of both not strenuous as well as prospects

伟大， 而且 还 能 让 大家 仰慕 他
wěidà, érqiě hái néng ràng dàjiā yǎngmù tā
great what's more still could make everyone admire him

的 事业。 那 就是 做 神仙。 于是 他 就
de shìyè. Nà jiùshì zuò shénxiān. Yúshì tā jiù
that career that was to do celestial being therefore he then
(to be)

一个 人 四处 寻 仙 问 道，
yīgè rén sìchù xún xiān wèn dào,
one person all around looked for immortal asked for the "way"
alone ("Dao")

终于 有 一天， 在 一个 深山
zhōngyú yǒu yītiān, zài yīgè shēnshān
finally -there was- one day in a deep in the mountains

中 的 一 棵 老 松树 下， 遇到了
zhōng de yī kē lǎo sōngshù xià, yùdàole
in the middle that an -for plants- old pine tree beneath met

一 位 道行 高深 的 仙人， 他 便
yī wèi dàohéng gāoshēn de xiānrén, tā biàn
a -person- skills profound that immortal he then
(of a Taoist priest)

马上 拜师 学 艺。
mǎshàng bàishī xué yì.
immediately apprenticed to a master to learn skill
acknowledged him as his master

就 这样, 吴刚 跟着 仙人 到了 天界
Jiù zhèyàng, wúgāng gēnzhe xiānrén dàole tiānjiè
just / in this way / Wu Gang / followed / the immortal / arrived at / heaven

修道 几 年, 自 以为 学
xiūdào jǐ nián, zì yǐwéi xué
to practice Daoism / several / years / himself / thought incorrectly regarded himself as / learn

得 不错, 便 开始 沾沾自喜,
dé bùcuò, biàn kāishǐ zhānzhānzìxǐ,
-after verbs- / not bad, / then / began to / be pleased with himself

学习 也 变 得 不 专心 了。
xuéxí yě biàn dé bù zhuānxīn le.
studied / also / became / -after verbs- / not / concentrating / anymore

后来 吴刚 触犯了 天 条, 仙人 很
Hòulái wúgāng chùfànle tiān tiáo, xiānrén hěn
later / Wu Gang / violated / heaven's / article (commandments) / immortal / very

生气, 为了 惩罚 他, 便 把 他 发配 到
shēngqì, wèile chéngfá tā, biàn bǎ tā fāpèi dào
angry, / in order to / punish / him, / then / -took- / him / exiled / to

月亮 上 的 广 寒 宫, 命令 他 砍
yuèliàng shàng de guǎng hán gōng, mìnglìng tā kǎn
moon / on / that / widespread cold palace Moon Palace / ordered / him / to cut

不死 之 树 -- 月桂树。 这 棵
bùsǐ zhī shù -- yuèguìshù. Zhè kē
immortal / -of- / tree / — / moon-laurel tree bay tree / this / -for plants-

月桂树 不仅 高 五百 丈， 而且 有
yuèguìshù bùjǐn gāo wǔbǎi zhàng, érqiě yǒu
bay tree not only high five hundred zhang (3.33m) what's more it had

神奇的 自 愈 能力。 吴刚 每 砍
shénqíde zì yù nénglì. Wúgāng měi kǎn
miraculous self healing ability Wu Gang each time chopped

一刀， 被 砍 的 地方 就 会 立即
yīdāo, bèi kǎn dì dìfāng jiù huì lìjí
one blade's worth was cut that place then would immediately

愈合。 从此， 吴刚 就 这样 日 复 一 日，
yùhé. Cóngcǐ, wúgāng jiù zhèyàng rì fù yī rì,
heal since then Wu Gang just like this day again one day
day in day out

年 复 一 年， 无 休止 地 砍伐
nián fù yī nián, wú xiūzhǐ de kǎnfá
year again one year without stopping -ly- cut down
year after year

月桂树。
yuèguìshù.
bay tree

# 牛郎织女

## *The Cowherd and the Weaving Girl*

| Niúláng | zhīnǚ | de | gùshì | zuìzǎo | qǐyuán | yú |
|---|---|---|---|---|---|---|
| 牛郎 | 织女 | 的 | 故事 | 最早 | 起源 | 于 |
| Cowherd (Altair star) | Weaving Girl (Vega star) | 's | story | earliest first | originated | in |

| gǔrén | duì | xīngchén | de | chóngbài, | gǔ | rénmen |
|---|---|---|---|---|---|---|
| 古人 | 对 | 星辰 | 的 | 崇拜, | 古 | 人们 |
| the ancients | towards | stars | of | worship | ancient | people |

| jiāng | qiān | niú | xīng | hé | zhī | nǚ | xīng | shénhuà |
|---|---|---|---|---|---|---|---|---|
| 将 | 牵 | 牛 | 星 | 和 | 织 | 女 | 星 | 神话 |
| -to- | lead | cow | star | and | weave | girl | star | legend |
| | | Altair star | | | | Vega star | | |

| réngéhuà, | zài | jīngguò | lìdài | de |
|---|---|---|---|---|
| 人格化, | 再 | 经过 | 历代 | 的 |
| personification | again | passed | successive generations | 's |

| liúchuán | hé | jiāgōng, | biàn | chéngle | yīgè |
|---|---|---|---|---|---|
| 流传 | 和 | 加工, | 便 | 成了 | 一个 |
| handing down | and | processing (additions to the story) | then | became | a |

| dòngrénde | àiqíng | shénhuà | gùshì. |
|---|---|---|---|
| 动人的 | 爱情 | 神话 | 故事。 |
| touching | love | mythological | story |

相传，织女是王母娘娘
*Xiāngchuán,* *zhīnǚ* *shì* *wángmǔniángniáng*
legend has it that | Weaving Girl (Vega) | was | Queen Mother of the West

身边修炼得道的
*shēnbiān* *xiūliàn* *dé* *dào* *de*
by one's side | practicing asceticism | to obtain | the "way" ("Dao") | that

仙女，而牵牛星也是天上的一
*xiānnǚ,* *ér* *qiānniúxīng* *yě* *shì* *tiānshàng* *de* *yī*
fairy | and | Cowherd (Altair) | was | also | in the sky | -that- | one

名神仙，他们两个
*míng* *shénxiān,* *tāmen* *liǎnggè*
-for people- | celestial being | they | both

情投意合，心心相印。但是在
*qíngtóuyìhé,* *xīnxīnxiāngyìn.* *Dànshì* *zài*
had an affinity for each other | two hearts beating as one | but | in

天庭里禁止神仙之间相恋。
*tiāntíng* *lǐ* *jìnzhǐ* *shénxiān* *zhījiān* *xiàngliàn.*
heaven | -in- | forbade | celestial beings | between | to love each other

他们的交往被王母知道了，
*Tāmende* *jiāowǎng* *bèi* *WángMǔ* *zhīdàole,*
their | relationship | by | Queen Mother | was found out

王母一怒之下便将牵牛贬
*WángMǔ* *yīnùzhīxià* *biàn* *jiāng* *qiānniú* *biǎn*
Queen Mother | in a rage | then | -to- | Cowherd (Altair) | demoted

xià 下 descend to — fánjiān 凡间 mortal world — bìng 并 furthermore — xǐ 洗 washed — qù 去 away — jìyì, 记忆, memories

zhīnǚ 织女 Weaving Girl (Vega) — zé 则 then — bèi 被 by — wángmǔ 王母 Queen Mother — chéngfá 惩罚 was punished to — měitiān 每天 every day

gěi 给 for — tiānkōng 天空 the sky — biānzhī 编织 to weave — cǎixiá. 彩霞。 rosy clouds

Yǒu 有 there was — yītiān, 一天, one day — jǐ 几 several — wèi 位 -person- — xiānnǚ 仙女 fairies — kěnqiú 恳求 begged for

wángmǔ, 王母, Queen Mother — xiǎng 想 wanted to — dào 到 go to — rénjiān 人间 mortal world — de 的 's — bì 碧 bluish green

yáochí 瑶池 Jade Lake — yóuwán. 游玩。 to play — Wángmǔ 王母 Queen Mother — xīnqíng 心情 mood — dàhǎo 大好 excellent — biàn 便 then

dāyìngle, 答应了, agreed — yúshì 于是 therefore — jǐ 几 several — wèi 位 -person- — xiānnǚ 仙女 fairies — lā 拉 to pull / took — shàng 上 on / along

zhīnǚ 织女 Weaving Girl (Vega) — yīqǐ 一起 together — qù. 去。 to go

牵牛 被 贬 到 人间 后， 降生 在
Qiānniú bèi biǎn dào rénjiān hòu, jiàngshēng zài
Cowherd was demoted to human world after was born in
(Altair)

一个 农民 家， 取 名 牛 郎。 但是 牛郎
yīgè nóngmín jiā, qǔ míng niú láng. Dànshì niúláng
a peasant family took name cow youth but Cowherd's
cowherd

父母 早 逝， 哥哥 嫂子 十分
fùmǔ zǎo shì, gēge sǎozi shífēn
parents early passed away older brother sister-in-law extremely

刻薄， 只 给 他 一 头 老 牛 后 就
kèbó, zhǐ gěi tā yī tóu lǎo niú hòu jiù
unkind only gave him one -for cattle- old bull after then

把 他 赶 出 家门。 从此 牛郎
bǎ tā gǎn chū jiāmén. Cóngcǐ niúláng
-took- him drove (him) out family door since then Cowherd

就 和 老 牛 相 依 为 命。
jiù hé lǎo niú xiāng yī wéi mìng.
then with old bull to each other to depend on for life
depend on each other for survival

有 一天， 老 牛 突然 开口 说话：
Yǒu yītiān, lǎo niú tūrán kāikǒu shuōhuà:
there was one day old bull suddenly opened mouth to speak

"牛郎， 今天 你 一定 要 到 碧
"Niúláng, jīntiān nǐ yīdìng yào dào bì
Cowherd today you absolutely must go to bluish green

yáochí. Zài nàli yǒu jǐ wèi xiānnǚ
瑶池。 在 那里 有 几 位 仙女
Jade Lake in there there are several -person- fairies

zài xǐzǎo, nǐ bǎ hóngsède xiān yī
在 洗澡, 你 把 红色的 仙 衣
in the process of bathing you take red immortal clothes

cáng qǐlái, chuān hóng xiān yī de xiānnǚ jiù
藏 起来, 穿 红 仙 衣 的 仙女 就
hide -up- wearing red immortal clothes that fairy then

huì chéngwéi nǐ qīzi." Niúláng bèi xiàle yī tiào,
会 成为 你 妻子。" 牛郎 被 吓了 一 跳,
will became your wife Cowherd was scared a jump
"so scared he jumped"

lǎo niú jìngrán huì shuōhuàle. Tā bàn xìn bàn
老 牛 竟然 会 说话了。 他 半 信 半
old bull unexpectedly can speak he half believing half

yí, dànshì háishì qiāoqiāo de duǒ zài bì
疑, 但是 还是 悄悄 地 躲 在 碧
doubting but still quiet -ly hid in bluish green

yáochí páng, děngdài xiānnǚmen de chūxiàn.
瑶池 旁, 等待 仙女们 的 出现。
Jade Lake side waited for fairies 's appearance

Guǒrán, bù yī huì, xiānnǚmen biàn láidàole
果然, 不 一 会, 仙女们 便 来到了
as expected not a while fairies then arrived at
soon

| bì | yáochí, | tuōxià | xiān | yī, | zòngshēn |
|---|---|---|---|---|---|
| 碧 | 瑶池， | 脱下 | 仙 | 衣， | 纵身 |
| bluish green | Jade Lake | took off | immortal | clothes | threw themselves |

| tiào | rù | shuǐzhōng. | Niúláng | biàn | cóng | lúwěi | cóng |
|---|---|---|---|---|---|---|---|
| 跳 | 入 | 水中。 | 牛郎 | 便 | 从 | 芦苇 | 丛 |
| jumped | into | in the water | Cowherd | then | from | reed | cluster |

| zhōng | pǎo | chūlái, | ná | zǒu | le | hóng | xiān | yī. |
|---|---|---|---|---|---|---|---|---|
| 中 | 跑 | 出来， | 拿 | 走 | 了 | 红 | 仙 | 衣。 |
| in | ran | out | took | away | — | red | immortal | clothes |

| Xiānnǚmen | jiàndào | yǒurén | láile, | huāngmáng | chuānshàng |
|---|---|---|---|---|---|
| 仙女们 | 见到 | 有人 | 来了， | 慌忙 | 穿上 |
| fairies | saw | someone | came | hurriedly | put on |

| zìjǐde | yīshang, | fēnfēn | fēi | zǒu, | zhǐ | shèngxià |
|---|---|---|---|---|---|---|
| 自己的 | 衣裳， | 纷纷 | 飞 | 走， | 只 | 剩下 |
| their own | clothes | one after another | flew | away | only | remaining |

| méiyǒu | yīfú | wúfǎ | táozǒu | de | zhīnǚ. | Tā | yòu |
|---|---|---|---|---|---|---|---|
| 没有 | 衣服 | 无法 | 逃走 | 的 | 织女。 | 她 | 又 |
| didn't have | clothes | unable to | flee | that | Weaving Girl (Vega) | she | both |

| xiū | yòu | jí, | què | yòu | wúkěnàihé. | Cǐ | shí, |
|---|---|---|---|---|---|---|---|
| 羞 | 又 | 急， | 却 | 又 | 无可奈何。 | 此 | 时， |
| ashamed | and | anxious | yet | also | had no alternative | (at) this | time |

| niúláng | chūxiàn | bìng | qiú | zhīnǚ | dāyìng | zuò |
|---|---|---|---|---|---|---|
| 牛郎 | 出现 | 并 | 求 | 织女 | 答应 | 做 |
| Cowherd | appeared | and | begged for | Weaving Girl (Vega) | agree | to do to become |

他的 妻子。 织女 一 看， 发现
tāde qīzi. Zhīnǚ yī kàn, fāxiàn
his wife Weaving Girl one see found out
(Vega) as soon as she saw him

牛郎 便 是 自己 日 思 夜 想 的 牵牛。
niúláng biàn shì zìjǐ rì sī yè xiǎng de qiānniú.
Cowherd then was herself day miss night think that Altair
long for day and night

于是 织女 便 答应了 牛郎， 并且
Yúshì zhīnǚ biàn dāyìngle niúláng, bìngqiě
therefore Weaving Girl then agreed to Cowherd furthermore
(Vega)

留 在 人间。 他们
liú zài rénjiān. Tāmen
stayed in human world they

相 亲 相 爱， 男 耕 女
xiāng qīn xiāng ài, nán gēng nǚ
each other close each other love man plowed (field) woman
love each other deeply

织， 还 生下了 一 双 儿女， 日子 过
zhī, hái shēngxiàle yī shuāng érnǚ, rìzi guò
wove even gave birth to a pair of son and daughter days lived

得 十分 美满。
dé shífēn měimǎn.
-after verbs- extremely blissfully

可惜 好景 不 长， 织女 私自 在
Kěxī hǎojǐng bù cháng, zhīnǚ sīzì zài
unfortunately good times not long Weaving Girl secretly in
(Vega)

| | | | | | |
|---|---|---|---|---|---|
| rénjiān | shēnghuó | de | shì | bèi | wángmǔ |
| 人间 | 生活 | 的 | 事 | 被 | 王母 |
| human world | living | that | matter | by | Queen Mother |

| | | | | | |
|---|---|---|---|---|---|
| zhīdàole, | wángmǔ | dà | nù, | lìjí | mìng |
| 知道了， | 王母 | 大 | 怒， | 立即 | 命 |
| found out | Queen Mother | big very | angry | immediately | commanded |

| | | | |
|---|---|---|---|
| tiānbīng | tiānjiàng | jiāng | zhīnǚ |
| 天兵 | 天将 | 将 | 织女 |
| celestial soldiers | celestial generals | to take | Weaving Girl (Vega) |

| | | | | |
|---|---|---|---|---|
| zhuō huí | tiāntíng | wènzuì. | Jiù | zài |
| 捉 回 | 天庭 | 问罪。 | 就 | 在 |
| catch back capture and bring back to | heaven | to charge with a crime | just | on |

| | | | | | | |
|---|---|---|---|---|---|---|
| zhèyītiān, | niúláng | nánguò | de | gàosù | zhīnǚ: | "Niú |
| 这一天， | 牛郎 | 难过 | 地 | 告诉 | 织女： | "牛 |
| this day | Cowherd | sad | -ly | told | Weaving Girl (Vega) | Bull |

| | | | | | | | |
|---|---|---|---|---|---|---|---|
| dàgē | sǐle, | tā | lín | sǐ | qián | yào wǒ | jiāng |
| 大哥 | 死了， | 他 | 临 | 死 | 前 | 要 我 | 将 |
| big brother | died | he | about to | to death | before | want me | take |

| | | | | | | |
|---|---|---|---|---|---|---|
| tāde | niú | pí | bō | xià | fàng hǎo, | yǒuzhāoyīrì, |
| 他的 | 牛 | 皮 | 剥 | 下 | 放 好， | 有朝一日， |
| his | bull | skin | peel | off | put well store properly | someday |

| | | | | | | |
|---|---|---|---|---|---|---|
| pī | shàng | tā | jiù | kěyǐ | fēi | shàng tiān |
| 披 | 上 | 它 | 就 | 可以 | 飞 | 上 天 |
| drape over shoulders wear | on | it | then | can | fly | up into sky |

了。" 织女 心里 清楚， 这 头
le." Zhīnǚ xīnli qīngchǔ, zhè tóu
— Weaving Girl in her heart clearly knew this -for cattles-
(Vega)

老 牛 是 天上 的 金牛 星， 当时
lǎo niú shì tiānshàng de jīnniú xīng, dāngshí
old bull was in the sky that Taurus Star at that time

替 牵牛 说了 几 句 公道 话
tì qiānniú shuōle jǐ jù gōngdào huà
on behalf of Altair said a few sentences of fair words
(regarding)

就 被 贬 下 凡间。 于是 织女
jiù bèi biǎn xià fánjiān. Yúshì zhīnǚ
then was demoted down to mortal world therefore Weaving Girl
(Vega)

便 让 牛郎 按照 老 牛 的 意思 做，
biàn ràng niúláng ànzhào lǎo niú de yìsi zuò,
then made Cowherd according to old bull 's meaning do
wish act

并且 好好 埋葬了 老 牛。
bìngqiě hǎohǎo máizàngle lǎo niú.
and properly buried old bull

第二 天， 忽然 阴云 密布， 狂 风
Dìèr tiān, hūrán yīnyún mìbù, kuáng fēng
the next day suddenly dark clouds covered densely wild wind
("second")

阵阵， 天兵 神 将
zhènzhèn, tiānbīng shén jiāng
in bursts celestial soldiers immortal generals

从 天 而 降，他们 押着 织女 便 飞
cóng tiān ér jiàng, tāmen yāzhe zhīnǚ biàn fēi
from sky to descend they detaining Weaving Girl then flew
descend from heaven (Vega)

上 天。牛郎 突然 想起 牛 大哥
shàng tiān. Niúláng tūrán xiǎngqǐ niú dàgē
up heaven Cowherd suddenly remembered Bull big brother

说 的，披上 牛皮 就 可以 飞 上 天。
shuō de, pīshàng niúpí jiù kěyǐ fēi shàng tiān.
said that draped on bull hide then could flew up into sky
things said

于是 他 便 披着 牛皮，用 一 对
Yúshì tā biàn pīzhe niúpí, yòng yī duì
therefore he then wearing cattle leather with one pair

箩筐 挑着 儿 女 追
luókuāng tiāozhe er nǚ zhuī
large wicker basket carrying on the shoulders son daughter chased

上去。他们 之间 的 距离
shàngqù. Tāmen zhījiān de jùlí
up them between -that- distance

越 来 越 近，眼 见 就 要 相逢了。
yuè lái yuè jìn, yǎn jiàn jiù yào xiāngféngle.
more come more near eye see then was going to meet
closer and closer very soon

可 就 在 此 时，王母 驾着 五彩
Kě jiù zài cǐ shí, wángmǔ jiàzhe wǔcǎi
but right in this moment Queen Mother riding five-colored

祥 云 出现 在了 云端，她 拔下 头
xiáng yún chūxiàn zàile yúnduān, tā báxià tóu
auspicious clouds appeared in clouds she takes off head

簪，在 牛郎 和 织女 中间 一 划。
zān, zài niúláng hé zhīnǚ zhōngjiān yī huá.
hairpin in Cowherd and Weaving Girl middle one stroke
(Vega)

霎时间，这 道 划痕 成了
Shàshíjiān, zhè dào huáhén chéngle
in an instant this -for long thin things- scratch becomes

波涛 汹涌 的 天河，横在
bōtāo xiōngyǒng de tiānhé, héngzài
great waves surging up violently that Milky Way lying horizontally

牛郎 织女 之间，无法 跨越。他们 只
niúláng zhīnǚ zhījiān, wúfǎ kuàyuè. Tāmen zhǐ
Cowherd Weaving Girl between unable to cross they only
(Vega)

能 隔 河 相 望，哭泣 流泪。
néng gé hé xiāng wàng, kūqì liúlèi.
could separated by river each other look at weep shed tears

此 情 此 景，感动了 喜鹊们，它们
Cǐ qíng cǐ jǐng, gǎndòngle xǐquèmen, tāmen
these feelings this scenery moved magpies they

纷纷 飞 来，用 身体 搭建了 一
fēnfēn fēi lái, yòng shēntǐ dājiànle yī
one after another flew over using body built a

zuò kuàyuè tiānhé de xǐquèqiáo, ràng
座 跨越 天河 的 喜鹊桥, 让
-for bridges- crossed Milky Way that Magpie Bridge let

niúláng zhīnǚ hé háizimen zài qiáo shàng xiàng
牛郎 织女 和 孩子们 在 桥 上 相
Cowherd Weaving Girl and children on bridge -on- each other
(Vega)

jiàn. Zhòng xiānmen kànle fēicháng gǎndòng,
见。 众 仙们 看了 非常 感动,
meet all immortals saw extremely touched
(when they saw)

wángmǔ kàn tāmen gǎnqíng zhēnzhì, biàn
王母 看 他们 感情 真挚, 便
Queen Mother saw their affections sincere then

pòlì zài měinián nónglì qīyuè
破例 在 每年 农历 七月
made an exception in every year lunar calendar July

chūqī, ràng tāmen xiāng huì yīcì. Zài zhè
初七, 让 他们 相 会 一次。 在 这
seventh day let them each other meet once on this

yītiān, huìyǒu wúshùde xǐquè zài tiānhé
一天, 会有 无数的 喜鹊 在 天河
day there would be countless magpies in Milky Way

liǎng'àn dā qǐ quèqiáo, niúlángzhīnǚ biàn
两岸 搭 起 鹊桥, 牛郎织女 便
both side build up Magpies Bridge Cowherd and Weaving Girl then

在此 相 会。
zàicǐ xiāng huì.
here each other meet

这 便 是 "七 夕 节", 牛郎织女
Zhè biàn shì "qī xī jié", niúlángzhīnǚ
this then is seventh night festival Cowherd and Weaving Girl
Chinese Valentine's Day

鹊桥 相 会 故事 的 来源。 据说
quèqiáo xiāng huì gùshì de láiyuán. Jùshuō
Magpie Bridge each other meet story 's origin it is said that

在 "七夕 节" 这 天, 夜 深 人 静 时,
zài "qīxì jié" zhè tiān, yè shēn rén jìng shí,
on Qixi Festival this day night late people quiet when
at night when all is still

人们 在 葡萄 树 架 下 静静 地 听, 还
rénmen zài pútáo shù jià xià jìngjìng de tīng, hái
people in grape tree's frame under quiet -ly listen still

能 隐约 地 听到 牛郎织女 交谈。
néng yǐnyuē de tīngdào niúlángzhīnǚ jiāotán.
can vague -ly hear Cowherd and Weaving Girl talk

www.ingramcontent.com/pod-product-compliance
Lightning Source LLC
LaVergne TN
LVHW051238080426
835513LV00016B/1658